LE LIVRE DU DIVAN

STENDHAL

NAPOLÉON

I

VIE DE NAPOLÉON

ÉTABLISSEMENT DU TEXTE ET PRÉFACE PAR
HENRI MARTINEAU

PARIS
LE DIVAN
37, Rue Bonaparte, 37

MCMXXX

NAPOLÉON

I

VIE DE NAPOLÉON

STENDHAL

NAPOLÉON

I

VIE DE NAPOLÉON

𝒟

PARIS
LE DIVAN
37, Rue Bonaparte, 37

MCMXXX

PRÉFACE DE L'ÉDITEUR

Le lecteur aura la surprise de découvrir ici un Stendhal nouveau, un Stendhal historien politique. A deux reprises, à près de vingt ans de distance, il se mit au travail pour un nouvel essai chaque fois abandonné. La somme de ce qu'il écrivit au cours de ces deux tentatives est rassemblée sous le titre général de Napoléon *dans ces deux volumes dont le premier :* Vie de Napoléon, *fut écrit à Milan, en 1817-1818 ; le second :* Mémoires sur Napoléon, *à Paris, en 1836-1837.*

Il ne faudrait pas croire cependant que Beyle ne prit la plume que sous la poussée des événements, mû par l'enthousiasme de l'admiration napoléonienne et indigné à la fois de voir en France tant d'ingratitude envers un si grand homme. Non, sa volonté d'être historien, je ne puis dire sa vocation, date de plus loin.

Le premier frimaire an XI (22 novembre 1802), au plus fort de sa passion poétique, il notait sur ses carnets son projet d'entreprendre trois ouvrages en prose : Histoire de Bonaparte, Histoire de la Révolution,

Histoire des grands hommes qui ont vécu durant la Révolution Française. *Et fort sagement il ajoutait : « Commencer ces trois ouvrages à 35 ans, dans quinze ans d'ici [1]. »*

Divination qui peut surprendre puisque c'est précisément à la date et à l'âge indiqués que nous le verrons commencer son premier essai.

Auparavant, le 23 février 1810, il jetait sur le papier les premiers linéaments d'une histoire de la Révolution de France [2] qu'il ne semble pas avoir poussée au delà de quelques minces feuillets préparatoires.

Ses papiers renferment encore ce singulier « portrait de Napoléon fait par Dominique en 1815, approuvé en mars 1817 [3] » :

« Personne ne s'avise de dire à un

---

1. Manuscrits de Grenoble, R. 5896, tome 26.
Déjà le 19 nivôse précédent Beyle avait écrit : « La Révolution Française devient pour les poètes français qui existeront dans quatre cents ans *la plus belle* source de gloire qui ait jamais existé. Cette idée développée me fournira un beau chapitre pour mon h[istoire] de la R[évolution]. Tâcher de profiter, comme poète, de tout ce que je pourrai prendre.
La mort pouvant m'arrêter à chaque pas, travailler toujours mes plus beaux sujets. Commencer à écrire l'histoire à quarante ans, dans vingt ans. » (Ms. de Grenoble, R. 5896, dossier complémentaire.)
Puis, en messidor an XII, il établit le plan d'une histoire romaine, travail qu'il compte entreprendre dans sa vieillesse.
2. Manuscrits de Grenoble, R. 5896, tome 5.
3. Ms. de Grenoble, R. 292, carton.

coureur qui a fait trente lieues dans un jour brûlant et qui a manqué le but, faute d'avoir pu marcher le dernier mille : « Vous allez comme une tortue ! » Voilà ce que tout le monde crie à Napoléon. La fatigue morale n'est-elle donc rien ? Mais c'est que le vulgaire ne voit pas ce qui est moral.

Calcul fait des décrets signés par Napoléon chaque jour de sa vie, du 19 brumaire au 11 avril 1814, cela va à 31 ou 32, non compris les acceptations pour les hôpitaux. Il signait en marge 20 ou 30 rapports. Les décrets avaient dix ou douze articles ; les rapports cinq ou six pages. Tel décret avait quatre-vingts articles et lui était présenté quatre fois avant qu'il le signât. Un homme qui ne faisait qu'enregistrer les décrets à la Secrétairerie d'Etat était rendu de fatigue au bout de la journée ; et cela treize ans de suite.

Il ne travaillait légèrement qu'à l'armée. Quelquefois, malgré le café et le galop, il était rendu ; alors, par caractère, il s'ordonnait d'aller.

S'il avait pu *douter de soi*, hésiter, demander des conseils sur l'Espagne par exemple, à Moscou pour s'en aller à temps, il n'eût plus pu avoir cette volonté *immuable* qui ne peut venir que d'une extrême confiance en soi. Il aurait pu douter de ce qu'il exécutait. Quand les hommes voudront-ils s'abaisser à comprendre qu'une bouteille ne peut pas être pleine en même temps de vin de Champagne et de Suresnes ? Il faut choisir. »

Au moment où l'Empire croulait, Henri Beyle, en mai 1814, chez son ami Louis Crozet, à Méry-sur-Seine, a lui-même choisi. Il s'efforce dans le domaine des idées de bien juger les choses, en toute impartialité. Il écrit des Pensées sur la Constitution où son sentiment loyaliste se fait ainsi jour :

« La Constitution du dernier Empereur telle qu'elle se trouve imprimée chez Didot est fort bonne. Il n'y manquait qu'une chose : des hommes de cœur au Sénat et au Corps Législatif. Non seulement la France eût été moins malheureuse, mais il serait encore sur le trône. »

Pour le surplus il entend tirer le plus avantageusement possible son épingle du jeu. Il fait en vain appel à ses relations, et tout d'abord au comte et à la comtesse Beugnot, pour obtenir quelque poste stable maintenant que le Conseil d'État a été dissous et les adjoints aux commissaires des guerres supprimés. Mais il n'est pas né solliciteur. Il se lasse bientôt et part pour Milan.

Il avait quitté Paris avant les Cent-Jours, il n'y revient qu'en 1817. Tout ce qu'il y voit, tout ce qu'il y entend « lui fait horreur ». La réaction anti-bonapartiste bat son plein. Il est indigné de la bassesse de ce qui se fait, de ce qui se raconte en France. Il prend conscience qu'il a été le tér..oin d'une épopée formidable : avec quelle émotion, quelle curiosité fiévreuse un étranger comme lord Byron, au fond d'une loge de la Scala de Milan, ne l'interrogea-t-il pas tout un soir sur l'Empereur déchu ? Aussi lui qui, depuis son enfance, prend toujours le contrepied des idées courantes, conçoit-il le projet de magnifier ce Napoléon que l'on raille à Paris. Son exaspération perce dans nombre des notes qu'il amasse : « Des B[ourbons] ne dire que ceci : après la lumière on a eu de la boue »... « La faiblesse et le gribouillage dans les affaires nous déplaisent si fort que nous en venons à admirer la force et le gouvernement *de* fer, même employé contre nos libertés. — Dominique. »

Rentré à Milan en novembre 1817, Beyle se met aussitôt au travail. Il fait à cette époque sa lecture la plus assidue de l'Edinburgh-Review. Or, le numéro de décembre 1816 lui apporte un article important sur la vie publique et politique de Napoléon. Cet article lui sert de canevas. En le traduisant, il le suit pas à pas, se contente d'y ajouter ses propres réflexions et d'y amalgamer les passages qu'il puise en même temps dans Warden, *l'abbé de* Pradt, Hobhouse *et jusque dans cette* Biographie des Hommes vivants *par Michaud qu'il critiquait d'ordinaire si acerbement, mais qu'il ne dédaignait pas d'utiliser.*

Très fréquemment Beyle en marge de son manuscrit a laissé des remarques, des notes, des exhortations à la prudence, que j'ai presque toujours conservées. Plusieurs fois aussi il a indiqué : « voir Las Cases ». Le lecteur qui se souvient que le Mémorial de Sainte-Hélène n'a paru qu'en 1823 en sera peut-être surpris. Mais Las Cases en 1818 était déjà revenu de Sainte-Hélène et l'on savait l'existence du Mémorial confisqué par Hudson Lowe et la part que Napoléon y avait prise. Stendhal pensait bien que la publication de cet ouvrage ne devait pas tarder et il se promettait de le mettre à contribution.

C'est en agissant ainsi, en fondant ensemble des documents pris à maintes sources différentes, que Beyle vient, dans un autre domaine, de composer son Histoire de la Peinture en Italie. *Il reprend le même procédé.*

Il écrit sans relâche, fait recopier ses brouillons, revoit cette copie, rature, allonge, sollicite des avis. Il prie également quelques Milanais de sa connaissance de lire ce premier monstre. De ces censeurs bénévoles il en est deux qui ont laissé sur le manuscrit des réflexions écrites. Le premier, identifié par M. Louis Royer, conservateur de la Bibliothèque de Grenoble, est le plus intime ami italien de Stendhal, l'avocat Giuseppe Vismara. L'autre qui a signé Ri demeure inconnu.

*
* *

Soit parce qu'il s'est dépossédé un temps de son manuscrit pour le confier à ses lecteurs, soit par fatigue, ou dégoût peut-être, Beyle interrompt durant quelques mois sa besogne acharnée. Un court séjour d'affaires à Grenoble le distrait également. Bref, il semble n'avoir pas touché à son manuscrit du 12 janvier au 13 juin 1818. A cette date il le reprend avec l'intention de « compléter et corriger le style ». Il vient de rentrer de France avec dans sa valise le livre posthume de Mme de Staël : Considérations sur les principaux éléments de la Révolution Française. A peine l'a-t-il ouvert qu'il en a jugé la faiblesse et qu'il décide de le réfuter. Il écrit aussitôt [1] *:*

1. Ms. de Grenoble, R. 5896, tome 2.

« Nous avons lu rapidement un demi-volume de l'ouvrage de Mme de Staël. C'est un livre habituellement *puéril* et souvent brillant. Ce qui en fait le mérite à Paris c'est que c'est un libelle très habilement fait contre Napoléon. Il y a des traits d'ignorance incroyables.

Maintenant il faut prouver ces assertions :

Livre puéril : copier la bêtise de 263, 298.

Ignorances : 317, 328.

Libelle : 317.

325 : Mme de Staël regarde l'aristocratie anglaise comme la perfection des gouvernements.

Mme de Staël déclame sans cesse contre l'égoïsme (une phrase de 326). Elle prétend sans doute se montrer supérieure à l'égoïsme en nous assommant sans cesse de *l'importance* de M. Necker. Or elle adorait la noblesse et les malins ne manqueront pas de dire qu'en parlant de son père elle montre son *titre de noblesse*. Le mérite de Mme de Staël est de bien peindre les hommes avec qui elle a dîné. Sieyès par exemple, page...

De plus son livre présente un bon choix d'anecdotes. Mais combien ce petit livre *tendu* et *visant à l'effet* est au-dessous de sa charmante et entraînante conversation !

Sa mort a été un grand malheur politique pour la France.

On ne sait ce qui trompe sans cesse avec Mme de Staël. Est-ce une profonde et sotte ignorance des choses, est-ce sa haine contre le prisonnier de Sainte-Hélène ?

Voir les pages 336, 338, 339, 342, 343. »

Beyle avait toujours beaucoup lu Mme de Staël, il lui avait toujours beaucoup emprunté ; mais il détestait franchement la femme et l'écrivain. Aussi le devons-nous croire quand il affirme que ses idées sur Napoléon le mirent en colère. Elles firent plus : elles galvanisèrent une énergie qui sommeillait. C'est dans ce sens que nous devons entendre la phrase de début de son ouvrage : « J'écris la Vie de Napoléon pour répondre à un libelle », et lui accorder que l'indignation le fit historien.

Il recommence à travailler avec acharnement jusqu'au 15 août 1818, puis il s'arrête de nouveau. Et quand trois ans plus tard il doit quitter Milan dans des circonstances encore mal connues, mais dont la précipitation semble le fait de la police autrichienne, — ou tout au moins de cette crainte assez sage qu'elle lui inspira tout à coup, — il laisse en dépôt chez son ami M. Buzzi tous ses papiers et parmi eux tout ce qu'il avait écrit de la Vie de Napoléon.

*Ils y demeurèrent jusqu'après sa mort,
jusqu'au jour où de Maresle les rapporta
d'Italie pour les remettre à Romain Colomb.
Celui-ci trouva sans doute que ce premier
essai sur Napoléon faisait double emploi
avec le second, qu'il avait déjà décidé de
publier et dont nous avons encore à nous
occuper ; aussi ne crut-il pas devoir le
retenir. Il n'en détacha que quelques brefs
passages relatifs à la campagne de Russie,
où il croyait sans doute retrouver un ton
particulièrement original et il les inséra,
suivant sa méthode arbitraire, dans la
Correspondance.*

*Il est certain que s'il y a un épisode de
l'épopée impériale où Beyle est particulièrement fier d'avoir assisté, c'est la retraite
de Russie. Il y faisait très fréquemment
allusion non seulement dans ses écrits
imprimés mais dans toutes les notes dont
il parsemait soit ses manuscrits, soit les
ouvrages dont il faisait sa lecture habituelle. Toutes n'ont pas ce caractère de
charge et de plaisanterie à froid qui émail-
lait sa conversation devant certains audi-
toires et dont l'historien anglais Hobhouse
s'est fait un jour le rapporteur fidèle et
sans doute mystifié. Ainsi M. Jean Carrère
a relevé sur la page de garde du tome 12
d'un exemplaire de Saint-Simon annoté
par Stendhal cette note plus véridique :*

« RUSSIE.

Soldats qui ont pénétré en Rus-
    sie selon M. de Chambry.....   647.000
Domestiques et ouvriers.......   »   »
Chevaux....................   187.000
Canons 1.372
      Quorum pars minima fui.
Date de l'entrée de la plupart : 24 juin 1812.

    J'arrivai au quartier général le 14 août,
à 12 ou 15 lieues en deçà de Smolensk.
Je quittai Moscou le 16 octobre 1812.
    Les généraux étaient des modèles
d'égoïsme sordide, prêts à sacrifier leur
vie pour de l'avancement, et bien autre
chose que leur vie. Ces âmes sales et
sordides donnaient seulement signe de
vie quand le péril était extrême. Beaucoup eussent fait comme Rampon. L'amiral Nelson était de ce caractère. »

*Après le rejet de Colomb, tout ce qu'il
n'avait pas utilisé des manuscrits, c'est-
à-dire leur presque totalité, fut déposé
à la Bibliothèque municipale de Grenoble
où l'on peut aujourd'hui en prendre connaissance. Ces manuscrits sont rassemblés
sous la cote R. 292 dans un carton qui
renferme surtout des brouillons autographes
et dans deux volumes reliés en basane qui*

portent sur le dos ce simple titre : Life. Là presque tous les brouillons préliminaires ont été reportés par une main étrangère. Cette copie a du reste été revue et fréquemment corrigée par Stendhal.

Ces manuscrits semblent n'avoir pas éveillé grande curiosité durant plus d'un demi-siècle. Seul, M. Jean de Milly, en 1898, dans un volume qui est un singulier arlequin, en a donné quelques fragments peu importants avec ce manque de méthode et de références qui distingue toutes ses publications.

Il fallut attendre jusqu'à l'an dernier pour en pouvoir lire dans la grande édition Champion le texte complet et d'une absolue correction grâce à M. Louis Royer. Celui-ci pour tout l'ensemble de l'œuvre a suivi les parties recopiées, se contentant seulement de reprendre dans les ébauches primitives les chapitres sur la guerre d'Espagne qui n'avaient pas été transcrits, et dans la Correspondance les pages sur la campagne de Russie qui avaient disparu.

Je n'ai pu dans la présente édition suivre une autre méthode. Aussi à peine quelques minimes différences de lecture me séparent-elles de mon éminent devancier [1]. Il

---

1. J'ai cru aussi devoir mettre pour les deux volumes, de ces titres courants en haut des pages, comme Stendhal

me faut ajouter cependant tout ce que ses avant-propos aux deux volumes de son édition apportent d'heureuses contributions à l'histoire des deux essais de Stendhal. Pourquoi il les entreprit, comment il y travailla, à quelles sources il alla puiser, dans quel esprit il parla de son héros : désormais nous n'avons plus rien à apprendre sur l'évolution de sa pensée et sur son activité intellectuelle durant ces deux périodes de son existence.

* *
*

Si Beyle en 1821 avait laissé son manuscrit à Milan, il n'avait pas renoncé à son projet. Mais sous la Restauration il était assez dangereux d'être équitable envers l'Empire et il aurait été difficile de trouver un éditeur pour un livre qui voulait être impartial. Ces réflexions, ou d'autres analogues, durent être sans doute celles de Stendhal à cette époque ; elles firent qu'il abandonna jusqu'à l'avènement de Louis-Philippe un projet qu'il n'avait pas encore

les aimait et comme il les prévoyait du reste dans une note de ses manuscrits :

« A droite : Titre-courant indiquant le contenu de la page. Ce procédé est contre l'emphase de Robertson, contre l'éloquence académique et, ce qui est pire, contre la *curiosité,* mais il est *clair* et *commode.* »

(Manuscrits de Grenoble, R. 288 tome 2.)

poussé très avant. Il fallut son retour en France et l'espoir d'y séjourner longtemps pour qu'à la fin de 1836, ayant besoin d'augmenter ses ressources, et voyant le mouvement napoléonien qui se dessinait dans les lettres et les arts, il abandonnât la mise au net de Lucien Leuwen et songeât de nouveau à écrire la vie du César moderne.

Son premier essai était, nous l'avons vu, demeuré en Italie. Aurait-il pu du reste, l'utiliser encore ? Depuis dix-huit ans les idées avaient évolué ; les travaux sur l'Empire foisonnaient maintenant. Le Mémorial de Sainte-Hélène, écrit par le comte de Las Cases, et les Mémoires de Napoléon, dûs à Gourgaud et Montholon, étaient enfin parus. Aussi sans vouloir même se souvenir de ce qu'il avait déjà écrit, Stendhal entreprit-il une œuvre toute nouvelle à laquelle il se consacra presque entièrement du 10 novembre 1836 à avril 1837. Puis il n'y travailla plus que par à-coups et pour quelques corrections insignifiantes jusqu'à son départ pour le midi de la France en mars 1838.

Fidèle à sa méthode d'utiliser pour tous ses travaux de librairie le plus possible d'ouvrages existant sur le même sujet, il fit copier des chapitres entiers du Mémorial et des Mémoires. Ces ouvrages, tout parti-

culièrement pour la période antérieure à
l'Empire, lui ont toujours paru les documents les plus sûrs. Sur la couverture du
tome I du Mémorial qui lui appartenait,
Beyle avait du reste écrit : « M. de Las C.
n'a point d'esprit. Tant mieux et cent
fois tant mieux. Il ne mêle pas du Las
Cases au Napoléon, comme eût fait
M. Fain. » Il pilla ainsi Thiers, Bourrienne,
Norvins, Walter Scott et surtout Jominy.
On a même pu dire que la moitié de son travail n'est qu'une paraphrase de Jominy.
Non seulement il y ajoutait bien entendu
ses réflexions et ses souvenirs, mais encore
il s'astreignait à revêtir tous ses emprunts
d'un style uniforme, simple, clair, rapide,
pour arriver à ce qu'il nommait le récit
raisonnable des événements. « Jamais
MM. Marchangy ou Salvandy, notait-il ;
plutôt le ton d'un récit fait par le Pt de
Brosses ou Montaigne[1]. »

Rien de joli, d'amusant à relever comme
les corrections qu'il fait subir aux auteurs
qu'il démarque. M. Louis Royer, dans les
avant-propos de son indispensable édition, insiste à juste titre sur les corrections
instructives de Stendhal. Tenons-nous-en

1. Ce sont les termes, ou à peu près, du dernier para-
graphe de cet avis à M. le libraire que Colomb dut trouver
dans les papiers de Beyle et qu'à mon tour j'ai reproduit
en tête du tome II de cette édition.

à la seule Histoire de la Révolution. Il s'astreint à la purger de tout ce qu'elle contient de blague et de faux coloris. Thiers écrit-il les combats de géants, Stendhal traduit par combats sérieux. Thiers emploie-t-il l'expression : le long du littoral, *on voit Stendhal crayonner en marge :* « Quel style *! le long du littoral pour éviter* le long de la mer, *trop vulgaire pour les épiciers.* »

Il serait injuste néanmoins de ne voir dans le livre de Stendhal qu'une compilation, qu'une refonte habile de documents connus. S'il faut bien avouer que la majeure partie en est toute faite de résumés de lectures plus ou moins adroitement soudés entre eux, il importe d'y reconnaître également de nombreux souvenirs personnels et des théories réellement originales. Nous aurons à revenir sur les idées propres de Beyle et sur la figure d'historien qu'elles lui confèrent. Quant à ses souvenirs ils apparaissent assez nombreux en cet ouvrage. Il faut tout spécialement attirer l'attention sur les pages qui peignent le Milanais à l'arrivée des Français en 1796 et qu'il écrivit complaisamment d'après ce qu'il vit lui-même au lendemain de Marengo. Reprises et développées au début de la Chartreuse de Parme, elles en formeront l'étonnant et délicieux prélude sentimental.

*
* *

*Stendhal avait annoncé une étude com-
plète et approfondie, reposant sur des
recherches minutieuses. Pour être menée
à bien, elle eût exigé un travail assidu et
prolongé, une patience attentive. Or, nous
savons comment l'écrivain, sans cesse emporté
par de nouvelles idées et de nouveaux
projets, se détachait d'ordinaire de tout
ce qu'il ne pouvait faire vite. Aussi après
quelques mois abandonna-t-il la nouvelle
ébauche de son Napoléon, pour le Rose
et le Vert et pour les Mémoires d'un
Touriste.*

*En avril 1837 il avait songé néanmoins
à commencer la publication de son ouvrage.
François Buloz avait même trouvé un
éditeur qui offrait 7.000 francs des six
volumes qu'il devait comporter [1]. Les deux
premiers étaient presque prêts et Beyle
songeait à les lui envoyer. Mais ce
projet n'eut pas de suite. Et ces Mémoires
sur Napoléon, ne virent le jour que par
les soins de Romain Colomb qui, dès
1854, en avait remis à Michel-Lévy les
pages essentielles, c'est-à-dire toutes celles
qui ne sont pas une pure copie du Mémo-*

---

1. *Trois lettres inédites de Stendhal*, publiées par Mme
Marie-Louise Pailleron. *Le Divan*, septembre-octobre 1927.

*rial et des Mémoires de Napoléon. Le
livre toutefois ne parut dans l'édition des
Œuvres complètes qu'en 1876.*

C'est lui que nous avons dû reprendre et
suivre de bout en bout pour l'établissement
du second tome de la présente édition, en
lui laissant simplement son titre de Mémoires
sur Napoléon que Stendhal avait écrit
lui-même en tête de son manuscrit, et qui
permet de bien distinguer ce second travail,
fait en 1836-38, du premier, celui de
1817-18 désigné désormais par son appella-
tion originale de Vie de Napoléon.

Car si une partie notable du manuscrit
de ce second travail, manuscrit de la main
d'un copiste avec des corrections autographes,
nous a été conservée à la Bibliothèque
municipale de Grenoble dans les trois
volumes cotés R. 288 qui portent au dos
de la reliure : Vie de César, ils sont précisément expurgés de presque tout le récit
de Stendhal. Colomb en effet en a extrait
de la façon la plus simple les parties qu'il
voulait publier : il en a coupé les feuillets.
Quelques-uns de ceux-ci ont échappé cependant çà et là soit dans les trois volumes de
R. 288, soit dans les volumes R. 293, 294,
295 et les tomes 5 et 8 de R. 5.896. Sans
doute en existait-il une copie postérieure
faite par les soins de Stendhal, ou Colomb
pour des raisons que nous ignorons les a-t-il

lui-même fait recopier. Quoi qu'il en soit, ces feuillets conservés ont permis à M. Royer, que j'ai suivi scrupuleusement encore sur ce point, de rétablir dans les chapitres correspondants le texte original de Stendhal.

Presque tout le reste des pages non arrachées par Colomb ne fait que reproduire de longues copies intégrales du Mémorial ou des Mémoires de Napoléon, que Beyle entendait donner in extenso dans son ouvrage, en corollaire pour ainsi dire de son propre récit.

Colomb les a négligées à juste titre, ainsi que M. Royer et moi-même avons fait à son exemple. Nous avons seulement indiqué dans nos éditions respectives quels étaient les chapitres de Stendhal dont il entendait lui-même éclairer les affirmations par ces documents authentiques.

** * **

En tête de l'édition Michel-Lévy en 1876, après l'avant-propos de l'éditeur et deux notes de l'auteur, la première au libraire, et la seconde écrite pour lui-même, Colomb a placé une préface en fondant de façon légèrement factice [1] deux projets écrits par

---

1. Nous avons à ce sujet l'aveu de Colomb lui-même : Cf. le tome II de cette édition : *Mémoires sur Napoléon,* la note de la préface; p. 11.

*Stendhal et laissés par lui dans ses papiers,
l'un et l'autre inachevés.*

*Ce doit être le premier de ces projets que
Mérimée surprit au début de février 1837
le jour où il promena un regard indiscret
sur la table de travail de son ami Beyle.
Celui-ci, qui avait tenu son travail secret,
fut obligé d'exposer ses plans, à quoi
Mérimée répondit le 12 février par cette
lettre fort intéressante que Casimir Stryienski
a publiée au tome I des* Soirées du Stendhal-
Club, *page 194 :*

« Il y a dans cette préface un manque
complet de méthode. Je veux dire que la
succession des idées n'est point la plus
commode pour l'intelligence du lecteur ;
que vous lui donnez à faire un travail
pénible, celui de l'arrangement convenable
de ces idées, travail qu'un auteur doit
toujours prendre à sa charge.

Il résulte de vos réticences qu'on vous
prendra pour un républicain malgré vos
protestations à la dernière page en faveur
de l'état de choses actuel.

Pourquoi parler d'abord de l'avantage
d'avoir connu Napoléon, lorsque vous dites
quelques pages plus bas que cette connaissance se réduit à l'avoir vu quatre
fois ; que de ces quatre fois il ne vous parla
que trois fois, et de ces trois fois, une fois
pour dire des bêtises ? Ne vaudrait-il pas

mieux dire que vous avez vécu à sa cour,
et que vous avez été dans l'intimité de ses
ministres ? Cela est un titre maintenant,
tandis qu'il n'y a pas un mauvais général
de brigade qui n'ait eu de plus longues
conversations que vous avec l'Empereur.

Vous commencez par dire que vous
écrivez pour détruire une erreur qui
n'existe pas. C'est tout à fait perdre son
temps que chercher à démontrer aujour-
d'hui que Napoléon était un grand homme,
qu'il ne s'appelait pas Nicolas, qu'il avait
du courage, etc..., etc...

Vous trouvez le moyen d'offenser à la
fois les juges littéraires et ceux de la
bonne compagnie. Aux uns, vous dites :
« Vous mentez, vous écrivez en style
académique, et vous n'êtes ni simples, ni
clairs. » Aux autres : « Vous êtes remplis
de préjugés ; vous ne savez pas distinguer
ce qu'il y a eu de noble et de bon dans la
Révolution, de tous les crimes que l'on
a commis en son nom. »

Or, outre la maladresse insigne de traiter
son lecteur aussi irrévérencieusement,
votre assertion est loin d'être exacte. La
bonne compagnie a, du moins avait, assez
d'intelligence pour faire la part du bien
et du mal, pour ne pas se scandaliser
lorsqu'on loue par hasard les comités de
Salut public de l'énergie qu'ils mirent à

défendre le territoire. On a lu l'histoire
de Thiers et ce n'est pas sa partialité pour
les terroristes qu'on lui a reprochée, c'est
son indifférence apparente pour les escro-
queries de toute espèce. »

*Les objections de Mérimée n'étaient pas
sans valeur et Beyle dut en sentir le poids,
aussi est-ce en partie pour lui répondre
qu'il écrivit le second projet de préface que
Colomb a réuni au premier.*

*D'autres notes que nous empruntons aux
mêmes dossiers nous renseignent abondam-
ment sur sa pensée. Il écrit ainsi :*

« L'intérêt singulier qui s'attache aux
premières actions de ce grand homme
fera passer, j'espère, sur la sécheresse de
quelques détails militaires. Je les ai
abrégés le plus possible ; si je les eusse
réduits davantage, les actions de guerre
n'auraient plus conservé leur physionomie
et il ne semble que cette physionomie
reflète celle du grand général dont nous
suivons les premiers pas. Je me garderai
bien d'entrer dans autant de détails lors
des guerres de l'Empire.
Je me rappelle avoir lu avec intérêt
dans mon enfance les voyages de Coock.
Quand je trouvais des détails nautiques
trop longs, je sautais une demi-page ou

une page ; c'est un conseil que je donne-
nerais à ceux des lecteurs qui trouveraient
trop longs les détails d'Arcole ou de
Rivoli. »

*Par ailleurs d'autres lignes expliquent
assez congrument comment il concevait la
vérité historique :*

« Dominique ne peut espérer que l'intérêt résultant de la narration. Son cœur
lui dit ce qu'il y a à prendre dans un mauvais livre comme Bourrienne ou Rovigo.
Il hait le ton dogmatique. Ce ton, d'ailleurs,
serait déplacé dans un temps de partis et
de *méfiance...* »

*Pour si surprenante qu'elle puisse paraître
au premier abord, cette méthode mystique
de l'appel au cœur n'est pas une boutade
sous la plume de Stendhal. Il insiste encore
en quelque autre endroit sur ce fait que
son cœur lui dit ce qu'il faut prendre et
ce qu'il faut mépriser dans les livres qu'il
consulte pour son travail.*

*A quel résultat est-il arrivé par de tels
procédés, c'est ce qu'il nous reste à voir.*

*S'il était à peine permis, avant cette publi-
cation complète, de prononcer un jugement
sur Stendhal historien, du moins peut-on*

se faire maintenant une idée précise de ses qualités et de ses défauts. Certes les travaux de trop longue haleine et qui exigent un effort de composition n'étaient pas pour lui convenir. Il ne faut pas lui demander beaucoup d'exactitude dans les faits ni dans les dates. Presque chaque fois qu'il fait une citation ou donne une référence, nous l'avons vu dans ses précédents ouvrages, il se contente d'un à peu près. On ne s'étonnera donc pas si les dates de cet essai historique, même les plus connues, les plus classiques, sont souvent fausses, et si ce que nous savons aujourd'hui contredit souvent les affirmations de Beyle.

Il n'en demeure pas moins, et c'est M. Albert Pingaud, spécialiste de l'histoire napoléonienne, qui nous l'affirme dans la belle préface qu'il a tracée pour l'édition Champion, que Stendhal a réellement inventé une méthode historique. Cette méthode expérimentale, dont Taine plus tard fit si bien son profit, consiste à tirer des lois générales de tout petits faits significatifs, choisis avec soin et minutieusement notés.

Les Goncourt, un Barrès, lui ont emprunté cette habitude d'esprit, qui consiste à intercaler dans leurs développements idéologiques de menus faits concrets.

Il a exprimé aussi le premier certains jugements dont la banalité ne frappe plus *et qui étaient cependant, quand il les émit, d'une telle nouveauté que les historiens officiels, s'ils les avaient lus, les auraient simplement pris pour les boutades sans conséquence d'un paradoxal amateur. Son assimilation de Napoléon aux condottieri de la Renaissance italienne est de ce nombre [1]. Taine devait lui faire le sort que l'on sait.*

Stendhal est également un des premiers historiens qui aient bien montré le principe moral qui soutenait la façade officielle du régime, et comment le premier Empire était épaulé par cette émulation qui tendait aux mêmes satisfactions, au même besoin de briller, de paraître, de se distinguer. Passion collective dont il a donné des exemples probants. Tous ces sentiments, l'Empire les faisait naître non seulement chez les Français mais aussi chez tous les peuples où Napoléon portait les armes. Les réactions de l'Italie en particulier n'ont jamais été plus finement analysées que par lui.

En un mot, quoiqu'elles soient fragmentaires et quoiqu'elles constituent un travail

---

1. Il faut bien y reconnaître un des premiers germes d'une des idées fondamentales d'aujourd'hui. Stendhal n'eût-il fait lui-même que l'emprunter en la développant, à l'ouvrage de Mme de Staël qu'un moment il avait voulu réfuter, elle n'en témoignerait pas moins en faveur de son esprit vif et généralisateur.

de seconde main, les ébauches de Stendhal sur Napoléon n'en révèlent pas moins l'empreinte puissante d'un esprit supérieur dans un domaine qu'il n'a abordé qu'en passant.

Henri MARTINEAU.

PRÉFACE

Nam neque te regni summa ad fastigia vexit
Lucinae favor et nascendi inglorius ordo,
Vivida sed bello virtus tutataque ferro
Libertas.

ALDRICH, 1669, 50, 497.

Les auteurs de cette Vie en 300 pages in-8° sont deux ou trois cents. Le rédacteur n'a fait que recueillir les phrases qui lui ont semblé justes.

Comme chacun a une pensée arrêtée sur Napoléon, cette Vie ne peut satisfaire entièrement personne. Il est également difficile de satisfaire les lecteurs en écrivant sur des objets ou très peu, ou trop intéressants.

Chaque année qui va suivre va fournir de nouvelles lumières. Des personnages célèbres mourront ; on publiera leurs mémoires. Ce qui suit est l'extrait de ce qu'on sait le 1er février 1818.

D'ici à cinquante ans, il faudra refaire l'histoire de Napoléon tous les ans, à mesure que paraîtront les mémoires de Fouché, Lucien, Réal, Regnault, Caulaincourt, Sieyès, Le Brun, etc., etc.

VIE DE NAPOLÉON

CHAPITRE PREMIER

> Quelle partie du monde habitable n'a pas ouï les victoires de ce grand homme et les merveilles de sa vie ? On les raconte partout ; le Français qui les vante n'apprend rien à l'étranger, et quoi que je puisse aujourd'hui vous en rapporter, toujours prévenu par vos pensées, j'aurai encore à répondre au secret reproche d'être demeuré beaucoup en dessous.
>
> BOSSUET : *Oraison funèbre du prince de Condé.*

J'ÉCRIS l'histoire de Napoléon pour répondre à un libelle. C'est une entreprise imprudente puisque ce libelle est lancé par le premier talent du siècle contre un homme qui, depuis quatre ans, se trouve en butte à la vengeance de toutes les puissances de la terre. Je suis enchaîné dans l'expression de ma pensée, je manque de talent et mon noble adversaire a pour auxiliaire tous les tribunaux de police correctionnelle. D'ailleurs, indépendamment de sa gloire, cet adversaire jouissait d'une grande fortune, d'une grande renommée dans les salons de l'Europe et de tous les avantages sociaux. Il a flatté jusqu'à des noms obscurs, et sa gloire posthume ne manquera pas d'exciter le zèle de tous ces nobles écrivains toujours prêts à s'attendrir en faveur des infortunes du pouvoir, de quelque nature qu'il soit. L'abrégé qui suit n'est pas une histoire proprement dite, c'est l'histoire pour les contemporains témoins des faits.

Le 15 août 1769, Napoléon naquit à Ajaccio de Charles Bonaparte et de Letitia Ramolini. Son père, qui ne manquait pas de talents, servit sous Paoli et, après que la France eut occupé l'île de Corse, fut plusieurs fois député de la noblesse. Cette famille est originaire de Toscane et particulièrement de la petite ville de San Miniato où elle a été établie pendant plusieurs siècles. L'historien Mazzucchelli fait mention de plusieurs Bonaparte qui se sont distingués dans les lettres. En 1796, il y avait encore un Bonaparte à San Miniato ; c'était un chevalier de Saint-Etienne, riche et fort considéré, qui se faisait gloire de sa parenté avec le jeune conquérant de l'Italie. Lorsque Napoléon était puissant, des flatteurs trouvèrent ou fabriquèrent des preuves qui le faisaient descendre des tyrans de Trévise dans le moyen âge ; prétention probablement aussi peu

fondée que celle des émigrés qui cherchaient à le faire regarder comme sorti des
derniers rangs du peuple. Sa sœur aînée
fut élevée à Saint-Cyr. Ce fait seul prouve
que cette famille appartenait à l'ancienne
noblesse.

Le nom de Napoléon est commun en
Italie ; c'est un des noms adoptés par la
famille des Orsini et il fut introduit dans
la famille Bonaparte par une alliance,
contractée dans le xvi⁰ siècle, avec la
maison Lomellini [1].

Le comte de Marbeuf vint commander
en Corse, et s'attacha à Mme Letitia Bonaparte. Il obtint pour Napoléon une place
au collège de Brienne ; Napoléon y entra
fort jeune. Il s'y distingua par ses dispositions pour les mathématiques, et par un
amour singulier pour la lecture, mais il
offensa ses maîtres par l'opiniâtreté avec
laquelle il refusa d'apprendre le latin suivant les méthodes ordinaires. Ce fut en
vain qu'on voulut le forcer à apprendre
par cœur des vers latins et les règles du
rudiment ; il ne voulut jamais faire de
thèmes ni parler cette langue. Pour le punir de son obstination, on le retint dans le

---

1. Le passage suivant de l'histoire de la maison Orsini
par Sansovino peut amuser un instant :

« *Ma molti più furono i Napoleoni, perche in tutti i tempi
gli orecchi italiani, o nella pace, o nella guerra, udirono questa
nobilissima voce in uomini segnalati.* » Lib. II, p. 20.

collège un an ou deux de plus que les autres élèves. Il passa ces années dans la solitude et le silence ; jamais il ne se mêlait aux jeux de ses camarades ; jamais il ne leur adressait une parole. Rêveur, silencieux, solitaire, il était connu entre eux par sa manie d'imiter les manières et jusqu'au langage des grands hommes de l'antiquité. Il affectait surtout les phrases courtes et sentencieuses des Lacédémoniens. Un des malheurs de l'Europe, c'est que Napoléon ait été élevé dans un collège royal, c'est-à-dire en un lieu où une éducation sophistiquée et communément donnée par des prêtres est toujours à cinquante ans en arrière du siècle. Elevé dans un établissement étranger au gouvernement, il eût peut-être étudié Hume et Montesquieu ; il eût peut-être compris la force que l'opinion donne au gouvernement.

Napoléon fut admis à l'Ecole Militaire. On trouve dans les journaux du temps que, lors d'une des premières ascensions que Blanchard fit en ballon, au Champ-de-Mars, un jeune homme de l'Ecole Militaire voulut forcer la consigne et fit tout au monde pour monter dans la nacelle : c'était Bonaparte.

On n'a encore recueilli que peu d'anecdotes sur cette époque de sa vie. On parlait de Turenne ; une dame disait : « J'aimerais

mieux qu'il n'eût pas brûlé le Palatinat. » —
« Qu'importe, reprit-il vivement, si cet
incendie était nécessaire à ses desseins. »
Napoléon n'avait alors que 14 ans.

En 1785, il subit son examen pour entrer
dans l'artillerie. Sur 36 places d'officiers
vacantes, il mérita la 12ᵉ et fut sous-lieutenant au régiment de La Fère. On trouve
à côté de son nom, dans la liste des ren-
seignements fournis par les professeurs :
« Corse de caractère et de nation, ce jeune
homme ira loin, s'il est favorisé par les
circonstances. »

La même année, Napoléon perdit son
père qui mourut à Montpellier. Ce malheur
fut en quelque sorte réparé par l'extrême
tendresse que lui voua son grand-oncle
Lucien, archidiacre d'Ajaccio. Ce véné-
rable vieillard réunissait une grande connaissance des hommes à une rare bonté.
On dit qu'il découvrit les talents extraordinaires de son petit-neveu et qu'il pro-
nostiqua de bonne heure sa future grandeur.

Il paraît que, durant les premières années que Napoléon fut au service, il partageait son temps entre ses devoirs de
lieutenant, et les fréquentes visites qu'il
faisait à sa famille. Il composa une histoire de la Corse, et l'envoya à l'abbé Ray-
nal à Marseille ; le célèbre historien approu-

va l'ouvrage du jeune officier, lui conseilla de l'imprimer, et ajouta que ce livre resterait. On ajoute que Napoléon donna à son travail la forme d'un mémoire pour le gouvernement ; ce mémoire fut présenté et est probablement perdu pour toujours (1790).

La Révolution commençait ; on détruisit Saint-Cyr. Napoléon alla chercher sa sœur pour la ramener en Corse ; comme ils passaient sur le quai de Toulon, ils furent sur le point d'être jetés à la mer par la populace qui les poursuivait avec les cris de : « A bas les aristocrates ! A bas la cocarde noire ! » Napoléon s'apercevant que c'était un ruban noir au chapeau de sa sœur que ces dignes patriotes prenaient pour une cocarde noire s'arrêta, détacha le ruban et le jeta par-dessus le parapet. En 1791, il fut nommé capitaine en second au quatrième régiment d'artillerie. L'hiver de la même année, il repassa en Corse et y forma un régiment de volontaires dont on lui permit de prendre le commandement sans renoncer à sa place de capitaine. Il eut occasion de montrer du sang-froid et du courage dans une rixe qui s'éleva entre son régiment et la garde nationale d'Ajaccio ; il y eut quelques hommes de tués et beaucoup de trouble dans la ville. La France déclara la guerre au roi de Sardaigne ; le

jeune capitaine donna la première marque
de son audace militaire en prenant possession des petites îles qui gisent entre la
Corse et la Sardaigne.

CHAPITRE II

NAPOLÉON se lia intimement avec le célèbre Paoli et avec Pozzo di Borgo, jeune Corse plein de talent et d'ambition. Depuis ils se sont portés tous les deux une haine mortelle. Les amis de Napoléon prétendent que, devinant par les ordres qu'il voyait donner à Paoli, que l'intention du vieux général était de se révolter contre la France, il se permit de combattre ce dessein par des remontrances si hardies qu'elles le conduisirent en prison. Il s'échappa, s'enfuit dans les montagnes, mais il tomba dans une troupe de paysans attachés au parti contraire et qui le ramenèrent à Pozzo di Borgo. Celui-ci résolut de se défaire d'un rival dangereux, en le livrant aux Anglais. Cet ordre, qui pouvait jeter Bonaparte en prison pour une partie de sa jeunesse, n'eut pas son effet, parce que les paysans qui le gardaient, touchés de pitié, ou gagnés par lui, souffrirent qu'il s'échappât. Cette seconde fuite eut lieu la nuit même du jour où il devait être transporté à bord d'un vaisseau anglais qui croisait sur la côte. Cette fois il parvint à gagner la ville de Calvi. Il y trouva deux commissaires français auxquels il découvrit les desseins de Paoli et de Pozzo di Borgo. Bientôt après, il quitta la Corse et rejoignit l'armée de Nice, dont son régiment faisait partie.

CHAPITRE III

Il fut chargé de surveiller les batteries entre San Remo et Nice. Bientôt après, il eut une mission pour Marseille et les villes voisines ; il fit arriver à l'armée diverses munitions de guerre. On l'envoya pour le même objet à Auxonne, La Fère et Paris. Comme il traversait le Midi de la France, il rencontra une guerre civile entre les départements et la Convention (1793). Il paraissait difficile d'obtenir de villes actuellement en révolte ouverte contre le gouvernement, les munitions nécessaires aux armées de ce même gouvernement. Napoléon parvint à remplir son objet, tantôt en en appelant au patriotisme des insurgés, et tantôt en profitant de leurs craintes. A Avignon, quelques fédéralistes voulurent l'engager à se joindre à eux ; il répondit qu'il ne ferait jamais la guerre civile. Tandis qu'il était retenu dans cette ville par les devoirs de sa mission, il eut occasion d'observer la complète incapacité des généraux des deux partis, royalistes et républicains. On sait qu'Avignon se rendit à Carteaux qui, de mauvais peintre, était devenu pire général. Le jeune capitaine fit un pamphlet qui tournait en ridicule l'histoire de ce siège ; il l'intitula : *Déjeuner de trois militaires à Avignon* (1793) [1].

A son retour de Paris à l'armée d'Italie, Napoléon fut employé au siège de Toulon. Il trouva l'armée de siège toujours sous les ordres de Carteaux, général ridicule, jaloux de tout le monde et aussi incapable qu'entêté.

L'arrivée de Dugommier et de quelques renforts changea l'aspect du siège. Dans une lettre de cet habile général de la Convention, il donne des éloges au citoyen Bonaparte [2], commandant de l'artillerie, pour sa conduite dans l'affaire où fut pris le général O'Hara.

Toulon fut emporté et Bonaparte élevé au grade de chef de bataillon. Peu après, il montrait à son frère Louis les travaux du siège ; il lui faisait remarquer un terrain où une attaque maladroite de Carteaux avait occasionné à l'armée républicaine une perte aussi considérable que peu nécessaire. Le sol était encore déchiré par les boulets ; les fréquentes élévations de

1. *Le Souper de Beaucaire* imprimé à Avignon en 1793. N. D. L. E.
2. *Moniteur* du 7 décembre 1793. C'est la première fois que le *Moniteur* nomme Bonaparte, dont il imprime le nom ainsi : le citoyen Bona-parte.

terre fraîchement remuée montraient la
quantité des corps qu'on avait enterrés ;
des débris de chapeaux, d'habits, d'armes
leur permettaient à peine de marcher :
« Tenez, jeune homme, dit Napoléon à son
frère, apprenez, par cette scène, que, pour
un militaire, c'est autant une affaire de
conscience que de prudence, d'étudier
profondément son métier. Si le misérable
qui a fait marcher ces braves gens à l'attaque avait su son métier [1], un grand nombre d'entre eux jouiraient maintenant de
la vie et serviraient la République. Son
ignorance les a fait périr, eux et des centaines d'autres, dans la fleur de la jeunesse
et au moment où ils allaient acquérir de la
gloire et du bonheur. »

Il prononça ces paroles avec émotion et
presque les larmes aux yeux. Il est étrange
qu'un homme, qui avait naturellement ces
vifs sentiments d'humanité, ait pu se
faire, dans la suite, le cœur d'un conquérant.

Bonaparte était chef de bataillon et
commandant de l'artillerie de l'armée
d'Italie. C'est en cette qualité qu'il fit le
siège d'Oneglia (1794). Il proposa au général en chef Dugommier un plan pour l'invasion de l'Italie ; c'est ce plan dont le

---

1. Peut-être son affaire.

destin lui réservait l'exécution à lui-même.

Il fut fait général de brigade ; mais, peu après, comme sa manière d'être et ses talents offusquaient tous les généraux de l'armée, ils écrivirent à Paris et le firent nommer à un commandement dans la Vendée. Napoléon avait de l'horreur pour la guerre civile, où l'énergie semble toujours barbare. Il courut à Paris ; là, il trouva que non seulement on l'avait changé d'armée, mais encore qu'on l'avait fait passer de l'artillerie dans la ligne. Aubry, président du comité militaire, ne voulut pas écouter ses réclamations. On lui refusa jusqu'à la permission de passer en Orient. Il resta plusieurs mois à Paris sans emploi et sans argent. Ce fut alors qu'il se lia avec le célèbre Talma, qui commençait aussi sa carrière, et qui lui donnait des billets de spectacle, quand il pouvait en obtenir.

Napoléon était au comble du malheur. Il fut tiré de cette oisiveté sans espérance, qui choquait si fort son caractère, par Barras qui l'avait apprécié au siège de Toulon. Ce directeur lui donna le commandement des troupes qui devaient défendre la Convention contre les sections de Paris. Les dispositions prises par le jeune général assurèrent à la Convention une victoire facile. Il chercha à effrayer les citoyens

de Paris et évita de les tuer (5 octobre 1795,
13 vendémiaire). Cet important service fut
payé par la place de général en second de
l'armée de l'Intérieur [1]. Il rencontra chez
Barras Mme de Beauharnais ; elle donna
quelques louanges à sa conduite ; il en
devint éperdument amoureux. C'était une
des femmes les plus aimables de Paris ;
peu de personnes ont eu plus de grâce, et
Napoléon n'était pas gâté par ses succès
auprès des femmes. Il épousa Joséphine
(1796), et, bientôt après, au commencement
du printemps, Barras et Carnot le firent
nommer général en chef de l'armée d'Italie.

1. Voir le rapport de Barras à la Convention, *Moniteur*.

CHAPITRE IV

IL serait trop long de suivre le général
Bonaparte aux champs de Monte-
notte, d'Arcole et de Rivoli. Ces
victoires immortelles doivent être racontées avec des détails qui en fassent comprendre tout le surnaturel [1]. C'est une
grande et belle époque pour l'Europe que
ces victoires d'une jeune République sur
l'antique despotisme ; c'est pour Bonaparte l'époque la plus pure et la plus brillante de sa vie. En une année, avec une
pauvre petite armée qui manquait de tout,
il chassa les Allemands des rivages de la
Méditerranée jusqu'au cœur de la Carin-
thie, dispersa et anéantit les armées sans
cesse renaissantes que la maison d'Autriche
envoyait en Italie, et donna la paix au
continent. Aucun général des temps anciens
ou modernes n'a gagné autant de grandes
batailles en aussi peu de temps, avec des
moyens aussi faibles et sur des ennemis

---

1. En attendant mieux, voir l'*Histoire de la guerre*, par
le général Dumas, l'*Histoire des campagnes d'Italie*, par
le général Servan, et surtout le *Moniteur* et l'*Annual
Register*.

aussi puissants [1]. Un jeune homme de 26 ans se trouve avoir effacé en une année les Alexandre, les César, les Annibal, les Frédéric. Et, comme pour consoler l'humanité de ces succès sanglants, il joint aux lauriers de Mars l'olivier de la civilisation. La Lombardie était avilie et énervée par des siècles de catholicisme et de despotisme [2]. Elle n'était qu'un champ de bataille où les Allemands venaient le disputer aux Français. Le général Bonaparte rend la vie à cette plus belle partie de l'empire romain et semble en un clin d'œil lui rendre aussi son antique vertu. Il en fait l'alliée la plus fidèle de la France. Il la forme en république, et, par les institutions que ses jeunes mains essaient de lui donner, accomplit en même temps, ce qui était le plus utile à la France et ce qui était le plus utile au bonheur du monde [3].

Il agit dans toutes les occasions en ami chaud et sincère de la paix. Il mérita cette louange qui ne lui a jamais été donnée d'être le premier homme marquant de la République française qui mît des limites à son agrandissement et cherchât franchement à redonner la tranquillité au

1. Voir *Tite Live*, liv. IX, p. 242 (Trad. de Dureau de La Malle, t. IV, éd. de Michaud, 1810).
2. Voir le *comment* de ceci dans le tome XVI de M. de Sismondi, p. 414.
3. Un peu plat cette fin.

monde. Ce fut une faute sans doute, mais elle partait d'un cœur trop confiant et trop tendre aux intérêts de l'humanité et telle a été la cause de ses plus grandes fautes. La postérité qui apercevra cette vérité dans tout son jour, ne voudra pas croire, pour l'honneur de l'espèce humaine, que l'envie des contemporains ait pu transformer ce grand homme en monstre d'inhumanité [1].

La nouvelle république française ne pouvait vivre qu'en s'environnant de républiques. L'indulgence que le général Bonaparte montra au pape lorsque, Rome étant entièrement en son pouvoir, il se contenta du traité de Tolentino et du sacrifice de cent tableaux et de quelques statues, lui fit beaucoup d'ennemis à Paris. Il fut obligé d'exécuter, neuf ans plus tard et avec beaucoup de danger, ce qu'il pouvait faire alors avec six mille hommes. Le duc de Lodi (Melzi), vice-président de la république italienne, homme intègre et qui aima vraiment la liberté, disait que Napoléon conclut la paix de Campo-Formio en opposition directe avec les ordres secrets du Directoire. Il était chimérique

____

1. Voir tous les livres anglais, même les plus estimés de 1800 à 1810, et, ce qui est encore moins généreux, les *Considérations* de Mme de Staël, composées après les massacres de Nîmes.

de croire à aucune paix solide entre la nouvelle république et les vieilles aristocraties de l'Europe [1].

1. Stendhal avait d'abord écrit : « les vieilles *dynasties* de l'Europe ». Puis il changea *dynasties* par *aristocraties* en ajoutant en note : « dynasties, plus vrai et moins clair ». N. D. L. E.

CHAPITRE V

VAUT-IL la peine de rapporter les objections des gens qui se croient délicats et qui ne sont que faibles ? Ils disent que le ton avec lequel le général Bonaparte offrit la liberté aux Italiens, était celui de Mahomet prêchant l'Alcoran le sabre à la main. Les convertis étaient loués, protégés, comblés d'avantages ; les infidèles livrés sans pitié au pillage, aux exécutions militaires, à tous les fléaux de la guerre. C'est lui reprocher d'avoir employé de la poudre pour faire partir ses canons. On lui objecte la destruction de Venise. Mais fut-ce donc une république qu'il détruisit ? C'était un gouvernement inique et avilissant, une aristocratie à chef faible, comme les autres gouvernements de l'Europe sont des aristocraties à chef fort. Ce peuple aimable a été choqué dans ses habitudes ; mais la génération suivante eût été mille fois plus heureuse sous le royaume d'Italie. Il est assez probable que la cession des Etats de Venise à la maison d'Autriche était un article secret des préliminaires de Leoben, et que les

causes qui furent alléguées dans la suite,
pour faire la guerre à la République, ne
furent que des prétextes [1]. Le général français entra en négociation avec des mécontents, afin de pouvoir occuper la ville sans
coup férir. A ses yeux, il était utile à la
France d'avoir la paix avec l'Autriche.
Il était maître de Venise, puisqu'il la prit.
Il n'était pas chargé de faire le bonheur
de Venise. La patrie avant tout. Dans tout
cela il n'y a qu'un reproche à faire au
général Bonaparte : il ne voyait pas les
choses aussi haut que le Directoire [2].

1. Beaucoup de *furent*.
2. Pour voir Napoléon en Italie sous un vrai jour, il faut
monter son âme par un volume de Tite Live. On se purifie
ainsi de toutes les petites idées modernes et fausses.

CHAPITRE VI

ON reproche à Napoléon d'avoir corrompu pendant sa campagne d'Italie, non pas la discipline, mais le caractère moral de son armée. Il encouragea parmi ses généraux le pillage le plus scandaleux[1]. Oubliant le désintéressement des armées républicaines, ils furent bientôt aussi rapaces que les commissaires de la Convention. Mme Bonaparte faisait de fréquents voyages à Gênes, et mit, dit-on, en sûreté cinq ou six millions. En cela, Bonaparte fut criminel envers la France. Quant à l'Italie, des pillages cent fois plus révoltants encore n'auraient pas été un prix excessif pour l'immense bienfait de la renaissance de toutes les vertus. C'est un argument des aristocrates que celui des crimes qu'entraîne une révolution. Ils oublient les crimes qui

---

1. La fortune de Masséna, d'Augereau, de... etc., etc., etc. Un chef de bataillon passe à Bologne, allant faire une expédition dans l'Apennin ; il n'avait pas même de cheval ; il repasse quinze jours après, il avait dix-sept charrettes chargées lui appartenant et trois voitures avec deux maîtresses. Les trois quarts des sommes pillées furent mangées dans le pays.

se commettaient en silence avant la Révolution.

L'armée d'Italie donna le premier exemple de soldats se mêlant du gouvernement.
Jusque-là, les armées de la République
s'étaient contentées de vaincre ses ennemis.
On sait qu'en 1797, il se forma, dans le
conseil des Cinq-Cents, un parti opposé
au Directoire [1]. Les projets des meneurs
pouvaient être innocents, mais certainement leur conduite les exposait au soupçon.
Quelques-uns étaient royalistes, on ne
peut en douter ; la plupart peut-être n'a-
vaient d'autre intention que de mettre
un terme au gouvernement arbitraire et
à la scandaleuse corruption du Directoire.
La marche qu'ils adoptèrent, fut de retirer
les impôts au gouvernement et de sou-
mettre ses dépenses à une enquête rigide.
Le Directoire, de son côté, profitant des
effets de ce plan d'attaque, répandit dans
les armées que toutes les privations qu'elles
éprouvaient, étaient l'effet de la trahison
du Corps Législatif qui cherchait à détruire les défenseurs de la Patrie pour pouvoir ensuite rappeler librement les Bourbons. Le général en chef de l'armée d'Italie
encouragea publiquement ces bruits dans
une proclamation à ses troupes. Cette ar-

---

1. Mémoires de Carnot.

mée osa envoyer des adresses au gouvernement. Elle se permettait des reproches, aussi peu mesurés qu'inconstitutionnels, contre la majorité du Corps Législatif. Le dessein secret de Bonaparte était de suivre ces adresses et de marcher sur Paris avec une partie de son armée sous prétexte de défendre le Directoire et la République, mais, dans le fait, pour s'arroger une part principale dans le gouvernement. Ses projets furent renversés par la révolution du 18 fructidor, qui eut lieu plus tôt et plus facilement qu'il ne le croyait (4 septembre 1797, 18 fructidor an V). Cette journée qui détruisit complètement le parti opposé au Directoire, lui ôta tout prétexte de passer les Alpes. Il continua à parler des Directeurs avec le dernier mépris. L'incurie, la corruption et les fautes grossières de ce gouvernement faisaient le texte habituel de ses conversations. Il les terminait ordinairement en faisant remarquer aux généraux qui l'entouraient, que, si un homme parvenait à concilier la nouvelle manière d'être de la France à l'intérieur avec le gouvernement militaire, il pourrait facilement faire jouer à la République le rôle de l'ancienne Rome.

CHAPITRE VII

QUOIQUE Napoléon ait dit à l'île d'Elbe qu'il continua à être bon républicain jusqu'à son expédition d'Egypte, quelques anecdotes racontées par le comte de Merveldt prouvent qu'à l'époque dont nous parlons, son républicanisme était déjà fort chancelant. Merveldt fut un des négociateurs autrichiens à Leoben et plus tard à Campo-Formio. Comme son premier intérêt était de faire tomber la République, il laissa entrevoir que le général Bonaparte était en position de se mettre à la tête de la France ou de l'Italie. Le général ne répondit pas, mais ne sembla pas du tout révolté ; il parla même de la tentative de gouverner la France par des corps représentatifs et des institutions républicaines, comme d'une simple expérience. Encouragé par ces dispositions, Merveldt hasarda, avec l'approbation de sa cour, de lui proposer une principauté en Allemagne. Le général répondit qu'il était flatté de cette offre, qui ne pouvait provenir que de l'opinion distinguée qu'on voulait bien avoir de ses talents et de son importance, mais qu'il serait peu raisonnable à lui de l'accepter. Un pareil établissement devait tomber à la première guerre de l'Autriche contre la France. Si l'Autriche avait un fardeau inutile, et, si la France triomphait, elle proscrirait un citoyen perfide qui aurait accepté le secours de l'étranger. Il ajouta avec franchise, que son but était d'obtenir une place dans le gouvernement de sa patrie, et que, si jamais il pouvait mettre le pied à l'étrier, il ne doutait pas d'aller loin.

CHAPITRE VIII

S I Napoléon n'eût pas fait la paix de
Campo-Formio, il pouvait anéantir
l'Autriche et épargner à la France
les conquêtes de 1805 et 1809[1]. Il paraît
que ce grand homme n'était à cette époque
qu'un soldat entreprenant, doué d'un génie
prodigieux, mais sans aucun principe fixe
en politique. Agité de mille pensées am-
bitieuses, il n'avait aucun plan arrêté
pour satisfaire son ambition. « Du reste il
était impossible, disait M. de Merveldt,
d'avoir avec lui dix minutes de conversation, sans s'apercevoir que c'était un
homme à grandes vues et d'une étonnante
capacité. »

« Son langage, ses idées, ses manières,
disait Melzi, tout chez lui était frappant
et original. Dans une conversation, comme
à la guerre, il était fertile, plein de ressources, rapide à discerner et prompt à attaquer le côté faible de son adversaire. D'une
rapidité de conception étonnante, il devait
peu de ses idées aux livres, et à l'exception

1. Prudence.

des mathématiques, il n'avait fait que peu
de progrès dans les sciences. De toutes ses
qualités, continuait Melzi, la plus remarquable, c'était l'étonnante facilité de con-
centrer à volonté son attention sur un
sujet quelconque et de l'y tenir fixée plusieurs heures de suite sans relâche et comme
attachée jusqu'à ce qu'il eût trouvé le meilleur parti à prendre dans les circonstances.
Ses projets étaient vastes, mais gigan-
tesques, conçus avec génie, mais quelquefois impraticables ; ils étaient abandonnés
assez fréquemment par humeur, ou rendus impraticables par sa propre impatience. Naturellement emporté, décisif,
impétueux, violent, il avait l'étonnant pouvoir de se rendre charmant, et, par des
déférences bien ménagées et un enjoue-
ment flatteur, de faire la conquête des gens
qu'il voulait gagner. Quoique, par habitude, secret et réservé, dans un accès
d'emportement, son orgueil découvrait
quelquefois les projets qu'il lui importait
le plus de tenir cachés. Il est probable que
jamais il n'ouvrit son âme par suite de
sentiments tendres [1]. » Au reste, le seul
être qu'il ait jamais aimé est Joséphine et
elle ne le trahit jamais. Je ne crois pas
qu'il dût peu de ses idées aux livres. Il

1. Embarrassé, embrouillé à refondre.

avait peu d'idées littéraires, voilà ce qui
aura fait illusion au duc de Lodi, homme
fort instruit en littérature et, par conséquent, un peu faible.

La balle qui me tuera portera mon nom,
était une de ses phrases habituelles. J'a-
voue que je ne la comprends pas. Tout ce
que j'y vois c'est une première nuance
de ce fatalisme si naturel aux hommes
exposés tous les jours aux boulets ou à la
mer.

Cette âme si forte était liée à un petit
corps pâle, maigre et presque chétif.
L'activité de cet homme et sa force à
soutenir les fatigues avec un physique si
mince paraissaient à son armée sortir des
bornes du possible. Ce fut un des fonde-
ments de l'incroyable enthousiasme qu'il
inspirait au soldat[1].

1. On trouve dans le carton R. 292 de la bibliothèque
de Grenoble cette curieuse note sur les *portraits* de Napoléon Bonaparte :

« Presque tous ceux que j'ai vus de lui sont des carica-
tures. Beaucoup de peintres lui ont donné les yeux inspi-
rés d'un poète. Ces yeux-là ne vont pas avec l'étonnante
capacité d'attention qui est le caractère de son génie. Il
me semble que ces yeux expriment un homme qui vient
de perdre ses idées ou un homme qui vient d'avoir la vue
d'une image sublime. Sa figure était belle, quelquefois
sublime, mais c'était parce qu'elle était tranquille. Ses
yeux seuls avaient des mouvements rapides et beaucoup
de vivacité. Il souriait souvent, ne riait jamais. Je l'ai vu
une seule fois transporté de plaisir : ce fut après avoir entendu Crescentini chanter l'air : *Ombra adorata aspetta.*
Les moins mauvais portraits sont de Robert Lefèvre et
de Chaudet : les plus mauvais de David et de Canova. »

CHAPITRE IX

Tel était le général en chef Bonaparte à son retour en France, après la conquête de l'Italie ; du reste l'objet de l'enthousiasme de la France, de l'admiration de l'Europe et de la jalousie du gouvernement qu'il avait servi. Il fut reçu par ce gouvernement soupçonneux avec toutes les démonstrations de la confiance et de la considération, et nommé, même avant son arrivée à Paris, l'un des commissaires plénipotentiaires au congrès réuni à Rastadt pour la pacification générale. Il se débarrassa bien vite d'un rôle qui ne lui convenait pas. Le Directoire, qui se voyait à la tête d'une république jeune et forte, entourée d'ennemis affaiblis, mais irréconciliables, était trop sage pour vouloir la paix. Bonaparte se débarrassa également du commandement de l'armée d'Angleterre auquel il fut nommé. Le Directoire n'était pas assez fort pour conduire à bien une telle entreprise. Cependant le jeune général voyait, et tout le monde voyait aussi, qu'il n'y avait pas, en France, de place qui pût lui convenir. La vie privée même était pour lui pleine de dangers ; sa gloire et toute sa manière d'être avaient quelque chose de trop romanesque et de trop entraînant. Ce moment de l'histoire fait l'éloge de la probité des Directeurs et montre quel chemin nous avons fait depuis les temps de Marie de Médicis.

Souvent, à cette époque, et dans d'autres moments de découragement, Bonaparte désira avec passion le repos de la vie privée. Il croyait trouver le bonheur à la campagne [1].

1. Ici prendre deux pages à Mme la Baronne [de Staël].

CHAPITRE X

N 1796, on lui avait fait passer un projet pour l'invasion de l'Egypte ; il l'examina et le renvoya au Directoire avec son avis. Dans son embarras mortel, le Directoire se souvint de cette idée et lui proposa le commandement de l'expédition. Refuser une troisième fois les offres du pouvoir exécutif, c'était donner lieu de croire qu'on tramait quelque chose en France, et très probablement, se perdre. D'ailleurs, la conquête de l'Egypte était faite pour éblouir une âme élevée, pleine de plans romanesques et passionnée pour les entreprises extraordinaires. « Songez que, du haut de ces Pyramides, trente siècles nous contemplent », disait-il quelques mois plus tard à son armée.

Comme toutes les guerres de l'Europe, cette agression était peu fondée en justice. Les Français étaient en paix avec le Grand Turc, souverain nominal de l'Egypte, et les beys, maîtres réels du pays, étaient des barbares qui, ne connaissant pas le droit des gens, ne pouvaient guère y manquer.

Au reste, des considérations de cette nature n'étaient pas faites pour avoir une grande influence sur les déterminations du jeune général qui, d'ailleurs, croyait peut-être être le bienfaiteur du pays, en y portant la civilisation. L'expédition mit à la voile, et, par un bonheur qui doit faire faire bien des réflexions, il put arriver devant Alexandrie après la prise de Malte, sans rencontrer Nelson.

CHAPITRE XI

On ne doit pas s'attendre à trouver ici cette suite de grandes actions militaires qui soumirent l'Egypte à Bonaparte. Les batailles du Caire, des Pyramides, d'Aboukir, ont besoin pour être comprises, d'une description de l'Egypte, et il faudrait donner une idée du courage sublime des Mamelouks. La plus grande difficulté était d'apprendre à nos troupes à leur résister [1].

En Egypte, Napoléon fit la guerre sur les mêmes principes qu'en Italie, mais dans un style plus oriental et plus despotique. Il avait affaire encore aux plus orgueilleux et aux plus féroces des hommes, à des gens à qui il ne manquait que l'aristocratie pour être des Romains. Il punit leurs perfidies avec une cruauté empruntée d'eux-mêmes. Les habitants du Caire se révoltent contre la garnison ; il ne se contente pas de faire un exemple de ceux qu'on avait pris les armes à la main. Il

1. Description de l'Egypte dans Volney ; histoire militaire : le faible Martin, Berthier, Denon, Wilson, alors bien digne d'être un des écrivains de l'autorité.

soupçonne leurs prêtres d'être les secrets instigateurs de l'insurrection, et il en fait prendre deux cents qu'on fusille.

Les bourgeois qui écrivent l'histoire font des phrases sur ces sortes d'actions. Les demi-sots excusent celles-ci par la cruauté et la brutalité de ces Turcs, qui, non contents de massacrer les malades des hôpitaux et quelques prisonniers qu'ils firent, avec des circonstances trop révoltantes pour être rapportées, s'acharnèrent encore à mutiler les cadavres de la manière la plus sauvage.

Il faut chercher la raison de ces malheureuses nécessités dans les conséquences du principe : *Salus populi suprema lex esto*. L'incalomniable despotisme a tellement avili les orientaux qu'ils ne connaissent d'autres principes d'obéissance que la crainte[1]. Le massacre du Caire les frappa de terreur ; « et depuis ce temps-là, disait Napoléon, ils m'ont été fort attachés, car ils voyaient bien qu'il n'y avait pas de mollesse dans ma manière de gouverner ».

---

1. Voir le *Commentaire* de Liège pour corriger cette phrase. 11 décembre 1817 *.

* M. Royer fait remarquer que Stendhal entend parler ici du *Commentaire sur l'Esprit des Lois* de Destutt de Tracy, Liège, 1817.

CHAPITRE XII

LE mélange de catholicisme et d'aristocratie qui aplatit nos âmes depuis deux siècles, nous rend aveugles aux conséquences du principe que je viens de rappeler. Sans entrer dans les petites objections qu'on fait à Napoléon sur sa conduite en Égypte, on a coutume de regarder comme ses plus grands crimes :

1º Le massacre de ses prisonniers à Jaffa.

2ª L'empoisonnement de ses malades à Saint-Jean-d'Acre.

3º Sa prétendue conversion au mahométisme.

4º Sa désertion de l'armée.

Napoléon fit le récit suivant de l'événement de Jaffa à Mylord Ebrington, l'un des voyageurs les plus éclairés et les plus dignes de foi qu'il ait vus à l'île d'Elbe : « Quant aux Turcs de Jaffa, il est vrai que j'en fis fusiller à peu près deux mille [1]. Vous trouvez ça un peu fort :

1. Voir Las Cases.

mais je leur avais accordé une capitulation à El Arisch ; la condition était qu'ils retourneraient à Bagdad. Ils rompirent cette capitulation, se jetèrent dans Jaffa et je les pris d'assaut. Je ne pouvais les emmener prisonniers avec moi, car je manquais de pain, et ils étaient des diables trop dangereux pour les lâcher une seconde fois dans le désert. Il ne me resta donc d'autre moyen que de les tuer. »

Il est vrai, d'après les lois de la guerre, qu'un prisonnier qui a une fois manqué à sa parole, n'a plus droit à recevoir quartier[1], mais l'affreux droit du vainqueur n'a été que rarement exercé, et jamais, ce me semble, dans nos temps modernes, sur un aussi grand nombre d'hommes à la fois. Si les Français avaient refusé quartier dans la chaleur de l'assaut, personne ne les aurait blâmés : les tués avaient manqué à leur parole ; si le général vainqueur avait su qu'une grande partie de la garnison consistait en prisonniers renvoyés sur parole à El Arisch, très probablement il eût donné ordre de les passer au fil de l'épée. Je ne crois pas que l'histoire offre d'exemple d'une garnison épargnée au moment de l'assaut, et, ensuite, envoyée à la mort. Mais ce

---

1. Martens : *Lois des Nations*, p. 291.

n'est pas tout, il est probable qu'un tiers seulement de la garnison de Jaffa était composé de prisonniers d'El Arisch [1].

Pour sauver son armée, un général a-t-il le droit de mettre à mort ses prisonniers, ou de les placer dans une situation qui doit nécessairement les faire périr, ou de les livrer à des barbares, dont ils n'ont aucun quartier à espérer ? Chez les Romains, cela n'eût pas fait de question [2] ; au reste, de la réponse à celle-ci, dépend non seulement la justification de Napoléon à Jaffa, mais celle de Henri V à Azincourt, de lord Anson dans les îles de la mer du Sud, et du bailli de Suffren sur la côte de Coromandel. Ce qu'il y a de plus sûr, c'est que la nécessité doit être claire et urgente, et l'on ne peut nier qu'il n'y eût nécessité dans le cas de Jaffa. Il n'eût pas été sage de renvoyer les prisonniers sur parole. L'expérience montrait que ces barbares se jetteraient sans scrupule dans la première place forte qu'ils trouveraient, ou que, s'attachant à l'armée pendant qu'elle s'avançait dans la Palestine, ils inquiéteraient sans cesse ses flancs et son arrière-garde.

1. Las Cases.
2. Voir Tite Live, blâmant avec raison les Samnites de n'avoir pas fait main basse sur les Romains aux Fourches Caudines. Livre [IX], p. [221], 4° volume de la traduction de La Malle.

Le général en chef ne doit pas porter seul la responsabilité de cette action épouvantable. L'affaire fut décidée dans un conseil de guerre auquel se trouvèrent Berthier, Kléber, Lannes, Bon, Caffarelli et plusieurs autres généraux.

CHAPITRE XIII

NAPOLÉON a lui-même raconté à plusieurs personnes, qu'il eut l'intention de faire administrer de l'opium comme poison à quelques malades de son armée. Il est évident, pour qui l'a connu, que cette idée provenait d'une erreur de jugement, nullement de mauvais cœur, et moins encore d'indifférence pour le sort de ses soldats. Tous les récits sont d'accord[1] sur les soins qu'il donna, dans sa campagne de Syrie, aux malades et aux blessés. Il fit ce qu'aucun général n'a encore fait : il visita en personne les hôpitaux des pestiférés. Il conversait avec les malades, écoutait leurs plaintes, voyait par lui-même si les chirurgiens s'acquittaient de leur devoir[2]. A chaque mouvement de son armée, et particulièrement à la retraite de Saint-Jean-d'Acre, sa plus grande sollicitude fut pour son hôpital. La sagesse des mesures qui

1. Même l'histoire calomnieuse du général Robert Wilson.
2. Il voulut engager M. Desgenettes à soutenir publiquement que la peste n'était pas contagieuse. La vanité de celui-ci s'y refusa.

furent prises pour emmener les malades
et les blessés, et les soins qu'on leur donna,
lui valurent les louanges des Anglais.
M. Desgenettes qui était médecin en chef
de l'armée de Syrie, est aujourd'hui un
royaliste prononcé, mais, même depuis
le retour des Bourbons, il n'a jamais
parlé de la conduite de Napoléon envers
ses malades sans les plus grands éloges.

Le célèbre Assalini, médecin à Munich,
se trouvait aussi en Syrie, et, quoiqu'il
n'aime pas Napoléon, il en parle comme
Desgenettes. Au moment de la retraite de
Saint-Jean-d'Acre, Assalini ayant fait un
rapport au général en chef, duquel il
résultait que les moyens de transport
pour les malades étaient insuffisants,
il reçut l'ordre de se rendre sur la route,
d'arrêter tous les chevaux de bagages,
et même de démonter les officiers. Cette
mesure pénible reçut son entière exécution,
et l'on n'abandonna pas un seul des malades qui, au jugement des médecins, avaient
quelque espoir de guérison. A l'île d'Elbe
l'empereur, qui sentait que la nation
anglaise compte parmi ses citoyens les
têtes les plus saines de l'Europe, invita
plusieurs fois lord Ebrington à le ques-
tionner franchement sur les événements
de sa vie. D'après cette permission, quand
le lord en fut venu au bruit d'empoisonne-

ment, Napoléon répondit sur-le-champ
et sans la moindre hésitation : « Il y a
dans cela un fonds de vérité. Quelques
soldats de l'armée avaient la peste ; ils
ne pouvaient pas vivre vingt-quatre heures ;
j'étais sur le point de marcher ; je consul-
tais Desgenettes sur les moyens de les
emmener ; il répondit qu'on courait le
risque de communiquer la peste à l'armée
et que, d'ailleurs, ce soin serait inutile
pour les malades, qui ne pouvaient guérir.
Je lui dis de leur donner une dose d'opium
et que cela valait mieux que de les laisser
à la merci des Turcs[1]. Il me répondit,
en fort honnête homme, que son métier
était de guérir et non de tuer. Peut-être
il avait raison, quoique je ne lui demandasse
pour eux que ce que j'aurais demandé
pour moi à mes meilleurs amis, dans une
semblable situation. J'ai souvent réfléchi
depuis sur ce point de morale, j'ai demandé
leur avis à plusieurs personnes, et *je crois
qu'au fond, il vaut toujours mieux souffrir
qu'un homme finisse sa destinée quelle
qu'elle soit.* J'en ai jugé ainsi plus tard,
à la mort de mon pauvre ami Duroc,
lequel, quand ses entrailles tombaient
à terre sous mes yeux, me demanda
plusieurs fois et avec insistance, de faire

1. Voir Las Cases.

mettre un terme à ses douleurs ; je lui
dis : Je vous plains, mon ami, mais il
n'y a pas de remède ; il faut souffrir
jusqu'à la fin. »

Quant à l'apostasie de Napoléon en
Egypte, il commençait toutes ses proclamations par ces mots : « Dieu est Dieu
et Mahomet est son prophète. » Ce pré-
tendu crime n'a guère fait effet qu'en
Angleterre. Les autres peuples ont vu
qu'il fallait le mettre sur la même ligne
que le mahométisme du major Horneman
et des autres voyageurs que la société
d'Afrique emploie pour découvrir les
secrets du désert. Napoléon voulut se
concilier les habitants de l'Egypte[1]. Il
avait raison d'espérer qu'une grande
partie de ce peuple toujours superstitieux
serait frappée de terreur par ses phrases
religieuses et prophétiques, et qu'elles
jetteraient même sur sa personne un
vernis d'irrésistible fatalité. L'idée qu'il a
voulu se faire passer sérieusement pour un
second Mahomet est digne d'un émigré[2].
Sa conduite eut le succès le plus complet.
« Vous ne sauriez imaginer, disait-il à
Mylord Ebrington, ce que je gagnais
en Egypte à faire semblant d'adopter
leur culte. » Les Anglais, toujours dominés

1. L'article de Las Cases.
2. Voyez leurs livres.

par leurs préjugés puritains qui, du reste,
s'allient fort bien avec les cruautés les plus
révoltantes, trouvèrent cet artifice bas.
L'histoire remarquera que vers le temps
de la naissance de Napoléon, les idées
catholiques étaient déjà frappées de ridicule.

CHAPITRE XIV

Quant à l'action bien autrement grave d'abandonner son armée en Egypte, c'était un crime envers le gouvernement d'abord, que ce gouvernement pouvait punir légitimement. Mais ce ne fut pas un crime envers son armée, qu'il laissa dans un état florissant, ainsi que le prouve la résistance qu'elle opposa aux Anglais. On ne peut lui reprocher que l'étourderie de ne pas avoir prévu que Kléber pouvait être tué, ce qui, dans la suite, livra l'armée à l'ineptie du général Menou.

Le temps nous fera connaître si, comme je le crois, Napoléon fut rappelé en France par les avis de quelques patriotes habiles, ou s'il se détermina à cette démarche décisive uniquement par ses propres réflexions[1]. Il est agréable pour les grands cœurs de considérer ce qui dut

1. C'est une question très intéressante qu'il faut tâcher d'éclaircir dans un ouvrage tel que celui-ci. (*Note de Vismara.*)

Réponse : on ne peut rien faire avant la publication des mémoires de Lucien, Sieyès et Barras. (*Note de Stendhal.*

alors se passer dans cette âme : d'un côté, l'ambition, l'amour de la patrie, l'espérance de laisser un grand nom dans la postérité ; de l'autre, la possibilité d'être pris par les Anglais ou fusillé[1]. Et prendre un parti aussi décisif uniquement sur des conjectures, quelle fermeté de jugement ! La vie de cet homme est un hymne en faveur de la grandeur d'âme.

1. Il faut dire quelque chose de la manière dont il quitta l'armée et de son départ, circonstance qui tient du grandiose. (*Note de Vismara.*) — Oui, je le ferai. (*Note de Stendhal.*)

CHAPITRE XV

NAPOLÉON, apprenant les désastres des armées, la perte de l'Italie, l'anarchie et le mécontentement de l'intérieur, conclut de ce triste tableau que le Directoire ne pouvait plus tenir. Il vint à Paris pour sauver la France et s'assurer une place dans le nouveau gouvernement. En revenant d'Egypte, il était utile à la patrie et à lui-même ; c'est tout ce qu'on peut demander aux faibles mortels [1].

Il est sûr qu'après son débarquement, Napoléon ne savait pas comment il serait traité, et jusqu'à la réception enthousiaste des Lyonnais, il parut douteux si son audace serait récompensée par le trône ou par l'échafaud. A la première nouvelle de son retour, le Directoire donna l'ordre de l'arrêter à Fouché, qui était alors ministre de la police. Ce traître

1. Détails de la navigation.

célèbre répondit : « Il n'est pas homme
à se laisser arrêter, moi je ne suis pas
l'homme qui l'arrêtera[1]. »

1. Chaque jour ou trouvait de nouveaux*
aux portes du Luxembourg ; par exemple, on y vit un jour
une grande affiche représentant fort bien une lancette,
une laitue et un rat (L'an sept les tuera).

* En blanc dans le manuscrit.

CHAPITRE XVI

Au moment où le général Bonaparte accourut d'Egypte au secours de la patrie, le directeur Barras, homme excellent pour un coup de main, vendait la France pour douze millions à la famille exilée. Des lettres-patentes avaient déjà été expédiées pour cet objet. Il y avait deux ans que Barras suivait ce projet. Sieyès l'avait découvert pendant son ambassade à Berlin [1]. Cet exemple et celui de Mirabeau montrent bien qu'une République ne doit jamais se confier à des nobles. Toujours tendre à la séduction des titres, Barras osa confier ses desseins à son ancien protégé.

Napoléon avait trouvé à Paris son frère Lucien ; ils discutèrent ensemble les chances suivantes : il était évident que les Bourbons ou lui allaient monter sur le trône, ou bien il fallait reconstruire la République.

---

1. Les intermédiaires de Barras étaient MM. David, Mounier, Tropès de Guérin, le duc de Fleury. Voir la *Biographie moderne* de Michaud, rapsodie précieuse par de tels aveux. Le *Moniteur* peint très bien l'avilissement, le désordre.

Le projet de remettre les Bourbons
était ridicule ; le peuple avait encore
trop d'horreur pour les nobles, et, malgré
les crimes de la Terreur, il aimait encore
la République. Il fallait pour les Bourbons une armée étrangère dans Paris.
Refaire la République c'est-à-dire donner
une constitution qui pût se soutenir par
elle-même, Napoléon ne se sentait pas
les moyens de résoudre ce problème. Il
trouvait les hommes à employer trop
méprisables et trop vendus à leurs intérêts.
Enfin il ne voyait pas de place assurée
pour lui-même, et, s'il se trouvait encore
un traître pour vendre la France aux
Bourbons ou à l'Angleterre, sa mort
était la première mesure à prendre. Dans
le doute, l'ambition l'emporta, comme il
est naturel ; et, du côté de l'honneur,
Napoléon se dit : « Je vaux mieux à la
France que les Bourbons. » Quant à la
monarchie constitutionnelle que voulait
Sieyès, il n'avait pas les moyens de l'établir, et alors son roi était trop inconnu.
Il fallait un remède énergique et prompt.
Cette malheureuse France, désorganisée
à l'intérieur, voyait toutes ses armées
tomber les unes après les autres ; et ses
ennemis étaient des rois qui devaient être
sans pitié pour elle, puisque la République,
montrant le bonheur à leurs sujets, ten-

dait à les précipiter du trône. Si ces rois irrités, après l'avoir vaincue, avaient daigné la rendre à la famille exilée, ce que cette famille a fait ou laissé faire en 1815[1], ne donne encore qu'une faible idée de ce qu'on pouvait en attendre en 1800[2]. La France plongée dans le dernier degré du découragement et de l'avilissement moral, malheureuse par le gouvernement qu'elle s'était choisi avec tant d'orgueil, plus malheureuse par les déroutes de ses armées, n'aurait inspiré aucune crainte aux Bourbons, et c'est uniquement à la peur du Monarque que l'on peut attribuer les apparences libérales du gouvernement.

Mais il est plus probable que les rois vainqueurs se seraient divisé la France. Il était prudent de détruire ce foyer du jacobinisme. Le manifeste du duc de Brunswick aurait été accompli et tous les nobles écrivains qui garnissent les Académies auraient proclamé l'impossibilité de la liberté. Depuis 1793, jamais les idées nouvelles n'avaient couru d'aussi grands dangers. La civilisation du monde fut sur le point d'être reculée de plusieurs

1. Mission du marquis de Rivière dans le Midi ; massacres de Nîmes ; histoire de Trestaillon.
2. Prudence. Rendre aux émigrés ce qu'ils ont fait en 1815.

siècles. Le malheureux Péruvien gémirait encore sous le joug de fer de l'Espagnol, et les rois vainqueurs eussent donné dans les délices de la cruauté, comme à Naples[1].

De tous les côtés, la France était donc sur le point de disparaître dans les abîmes sans fond où, de nos jours, nous avons vu la Pologne engloutie.

Si jamais des circonstances quelconques pouvaient prescrire les droits éternels qu'a tout homme à la liberté la plus illimitée, le général Bonaparte pouvait dire à chaque Français : « Par moi, tu es encore Français ; par moi, tu n'es pas soumis à un juge prussien, ou à un gouverneur piémontais ; par moi, tu n'es pas esclave de quelque maître irrité et qui a sa peur à venger. Souffre donc que je sois ton empereur. »

Telles étaient les principales pensées qui agitaient le général Bonaparte et son frère la veille du 18 brumaire (9 novembre 1799) ; le reste était relatif aux moyens d'exécution.

1. Prudence. Supprimer [cette] phrase.

CHAPITRE XVII

ENDANT que Napoléon prenait son parti et ses mesures, il était courtisé par les différentes factions qui déchiraient une république expirante. Ce gouvernement tombait, parce qu'il n'y avait pas un Sénat conservateur pour tenir l'équilibre entre la Chambre des Communes et le Directoire et nommer les membres de celui-ci, et nullement parce que la République est impossible en France. Dans le cas actuel, il fallait un dictateur, mais jamais le gouvernement légitimement établi ne se serait résolu à le nommer. Les âmes de boue qui se trouvaient au Directoire, formées sous une vieille monarchie, ne voyaient, au milieu des malheurs de la patrie, que leur petit égoïsme et ses intérêts. Tout ce qui était un peu généreux leur semblait duperie.

Le profond et vertueux Sieyès avait toujours tenu au grand principe que, pour assurer les institutions conquises par la Révolution, il fallait une dynastie appelée par la Révolution. Il aida Bonaparte à faire le 18 brumaire. Sans lui, il l'aurait fait avec un autre général. Depuis, Sieyès a dit : « J'ai fait le 18 brumaire, mais non pas le 19. » On dit que le général Moreau avait refusé de seconder Sieyès, et le général Joubert, qui aspirait à ce rôle, fut tué au commencement de sa première bataille, à Novi.

Sieyès et Barras étaient les deux premiers hommes du gouvernement. Barras vendait la République à un Bourbon, sans s'inquiéter des suites, et demandait au général Bonaparte de diriger le mouvement. Sieyès voulait faire une monarchie constitutionnelle ; le premier article de sa constitution eût nommé roi un duc d'Orléans, et il demandait au général Bonaparte de diriger le mouvement. Le général nécessaire aux deux partis se rapprocha de Lefèvre, général plus connu par sa bravoure que par ses lumières et qui commandait alors Paris et la 17e division. Il agissait de concert avec Barras et Sieyès, mais il eut bientôt gagné Lefèvre pour lui-même. De ce moment, Bonaparte eut les troupes qui occupaient Paris et les environs, et il ne fut plus question que de la forme à donner à la révolution.

CHAPITRE XVIII

Le 18 brumaire (9 novembre 1799) dans la nuit, Bonaparte fit convoquer subitement, et par des lettres particulières, ceux des membres du Conseil des Anciens sur lesquels il pouvait compter. On profita d'un article de la Constitution qui permettait à ce conseil de transférer le Corps Législatif hors de Paris, et il rendit un décret qui, le lendemain 19, indiquait la séance du Corps Législatif à Saint-Cloud, chargeait le général Bonaparte de · prendre toutes les mesures nécessaires à la sûreté de la représentation nationale, et mettait sous ses ordres les troupes de ligne et les gardes nationales. Bonaparte, appelé à la barre pour entendre ce décret, prononça un discours. Comme il ne pouvait parler des deux conspirations qu'il déjouait, ce discours n'a que des phrases. Le 19, le Directoire, les généraux et une foule de curieux se rendirent à Saint-Cloud. Des soldats occupaient toutes les avenues. Le Conseil des Anciens s'assembla dans la galerie. Le Conseil des Cinq-Cents, dont Lucien venait d'être nommé président, se réunit dans l'Orangerie.

Bonaparte entra dans la salle des Anciens et parla au milieu des interruptions et des cris des députés attachés à la Constitution, ou, pour mieux dire, qui ne voulaient pas laisser réussir un mouvement dont ils n'étaient pas. Pendant ces moments décisifs, une scène plus orageuse encore se passait au Conseil des Cinq-Cents. Plusieurs membres demandèrent qu'on s'occupât de l'examen des motifs qui avaient déterminé la translation des Conseils à Saint-Cloud. Lucien fit de vains efforts pour calmer les esprits que cette proposition avait enflammés, et, lorsque les Français en sont à ce point, l'intérêt se tait, ou plutôt il n'en est plus d'autre que d'être héros par vanité. Le cri général était : « Point de dictateur ! à bas le dictateur ! »

A ce moment, le général Bonaparte entre dans la salle, escorté par quatre grenadiers. Une foule de députés s'écrie : « Qu'est-ce que cela signifie ? Point de sabre ici ! Point d'hommes armés ! » D'autres, jugeant mieux la circonstance, se précipitent au milieu de la salle, entourent le général, le prennent au collet, et le secouent vivement en criant : « Hors la loi ! à bas le dictateur ! » Comme le courage, dans les salles législatives, est fort rare en France, l'histoire doit conserver le nom du député Bigonnet de Mâcon. Ce brave député eût dû tuer Bonaparte.

Le reste du récit est moins sûr. On prétend que Bonaparte, entendant le cri terrible de *Hors la loi*, pâlit et ne trouva pas un seul mot à dire pour sa défense [1]. Le général Lefèvre vint à son secours, et l'aida à sortir. On ajoute que Bonaparte monta à cheval, et, croyant le coup manqué à Saint-Cloud, galopa vers Paris. Il était encore sur le pont, lorsque Murat parvient à le joindre et lui dit : « Qui quitte la place, la perd ». Napoléon, rendu à lui-même par ce mot, revient dans la rue de Saint-Cloud, appelle les soldats aux armes et envoie un piquet de grenadiers dans la salle de l'Orangerie. Ces grenadiers, conduits par Murat, entrent dans la salle. Lucien, qui avait tenu bon à la tribune, reprend le fauteuil et déclare que les représentants qui ont voulu assassiner son frère sont d'audacieux brigands, soldés par l'Angleterre. Il fait décréter que le Directoire est sup-

---

1. Je crois [du] devoir de l'historien de son temps d'écrire les faits sûrs et non les doutes ou les ouï-dire. Il faut éclaircir ce fait ou le retrancher. (*Note de Vismara.*) — Non. (*Note de Stendhal.*)

primé, que le pouvoir exécutif sera remis
entre les mains de trois consuls provi-
soires : Bonaparte, Sieyès, et Roger-
Ducos. Une commission législative, choisie
dans les deux conseils, se réunira aux
consuls pour rédiger une constitution.

Jusqu'à la publication des *Mémoires*
de Lucien [1], les détails du 18 brumaire
ne seront pas bien éclaircis. En attendant,
la gloire de cette grande révolution est
restée au président du Conseil des Cinq-
Cents qui montra à la tribune un ferme
courage au moment où son frère faiblis-
sait. Il eut la plus grande influence dans
la constitution que l'on bâtit à la hâte.
Cette constitution, qui n'était point mauvaise, nommait trois consuls : Bonaparte,
Cambacérès et Lebrun.

On créa un *Sénat* composé de gens qui
ne pouvaient prétendre à aucune place.
Il nommait le *Corps Législatif*. Le Corps
Législatif ne faisait que voter la loi et
ne pouvait la discuter. Ce soin était
réservé à un corps, nommé *Tribunal*,
qui discutait la loi mais ne la votait point.

Le Tribunat et le pouvoir exécutif
envoyaient défendre leurs projets de loi
devant ce Corps Législatif muet.

---

1. Ces mémoires existent chez Colburn à Londres. Ils
peuvent voir le jour d'un moment à l'autre ainsi que ceux
de Carnot et de Tallien.

Cette constitution pouvait fort bien
aller, si le bonheur de la France eût voulu
que le premier Consul fût enlevé par un
boulet, après deux ans de règne. Ce qu'on
aurait vu de la monarchie eût achevé
d'en dégoûter. On voit facilement que le
défaut de cette constitution de l'an VIII,
c'est que le Sénat nomme le Corps Législatif. Celui-ci aurait dû être élu directement par le peuple, et le Sénat chargé de
nommer chaque année un nouveau consul.

CHAPITRE XIX

LE gouvernement d'une douzaine de voleurs lâches et traîtres, fut remplacé par le despotisme militaire ; mais, sans le despotisme militaire, la France avait, en 1800, les événements de 1814 ou la Terreur.

Napoléon avait maintenant le pied à l'étrier, comme il disait dans ses campagnes d'Italie ; et il faut convenir que jamais général ou monarque n'a eu d'année aussi brillante que le fut, pour la France, et pour lui, la dernière du xviiie siècle.

En arrivant à la tête des affaires, le premier consul trouva les armées de la France défaites et désorganisées. Ses conquêtes en Italie étaient réduites aux montagnes et à la côte de Gênes ; la plus grande partie de la Suisse venait de lui échapper. L'injustice et la rapacité des agents de la République[1] avaient révolté les Suisses ; l'aristocratie prit dès lors le dessus en ce pays ; la France n'eut pas

---

1. Par hasard le plus fripon de ces coquins se nommait Rapinat.

d'ennemis plus acharnés ; leur neutralité ne fut plus qu'un nom et la frontière la plus vulnérable fut entièrement découverte.

Les ressources de la France dans tous les genres étaient entièrement épuisées, et, ce qui est pire que tout le reste, l'enthousiasme des Français était éteint. Toutes les tentatives pour établir une constitution libre avaient manqué. Les Jacobins étaient méprisés, et détestés, à cause de leurs cruautés et de l'extravagance de vouloir établir une république sur le modèle antique. Les modérés étaient méprisés, à cause de leur incapacité et de leur corruption. Les royalistes, turbulents dans l'Ouest, se montraient à Paris, comme de coutume, timides, intrigants et surtout lâches [1].

Si l'on excepte Moreau, aucun homme, après le général qui revenait d'Egypte, n'avait de réputation et de popularité ; et Moreau, à cette époque, voulait suivre le torrent, et, à toutes les époques, fut incapable de le conduire.

---

1. Prudence. Surtout peu entreprenants. *For me* leur plus beau trait : cette conspiration de Lyon en 1817.

CHAPITRE XX

ASHINGTON lui-même eût été embarrassé sur le degré de liberté qui pouvait être confié sans danger à un peuple souverainement enfant, pour qui l'expérience n'était rien, et qui, au fond du cœur, nourrissait encore tous les sots préjugés donnés par une vieille monarchie [1]. Mais aucune des idées qui auraient occupé Washington n'arrêta l'attention du premier Consul, ou, du moins, il les crut trop facilement chimériques en Europe (1800). Le général Bonaparte était extrêmement ignorant dans l'art de gouverner. Nourri des idées militaires, la délibération lui a toujours semblé de l'insubordination. L'expérience venait tous les jours lui prouver son immense supériorité, et il méprisait trop les hommes pour les admettre à délibérer sur les mesures qu'il avait jugées salutaires. Imbu des idées romaines, le premier des

---

1. Les généraux en 1814 préfèrent les titres de lieutenant-général et de maréchal de camp à celui de généra de division et de général de brigade sanctifiés par tant de victoires.

malheurs lui sembla toujours d'être conquis et non d'être mal gouverné et vexé dans sa maison.

Quand son esprit eût eu plus de lumières, quand il eût connu l'invincible force du gouvernement de l'opinion, je ne doute pas que l'homme ne l'eût emporté et qu'à la longue, le despote n'eût paru. Il n'est pas donné à un seul être humain d'avoir à la fois tous les talents, et il était trop sublime comme général pour être bon comme politique et législateur.

Dans les premiers mois de son consulat, il exerçait une véritable dictature, rendue indispensable par les événements. Talonné à l'intérieur par les Jacobins et les royalistes, et par le souvenir des conspirations récentes de Barras et de Sieyès, pressé à l'extérieur par les armées des rois, prêtes à inonder le sol de la République, la première loi était d'exister. Cette loi justifie à mes yeux toutes les mesures arbitraires de la première année de son consulat.

Peu à peu, la théorie réunie à ce qu'on voyait, porta à croire que ses vues étaient toutes personnelles. Aussitôt, la tourbe des flatteurs s'empara de lui ; on les vit outrer comme à l'ordinaire toutes les opinions qu'on supposait au Maître[1]. Les

---

1. Carrion-Nisas en 1801, ou Ferrand, en 1815.

Regnault et les Maret furent aidés par une nation accoutumée à l'esclavage et qui ne se sent à son aise que quand elle est menée.

Donner d'abord au peuple français autant de liberté qu'il en pouvait supporter, et, graduellement, augmenter la liberté à mesure que les factions auraient perdu de leur chaleur et que l'opinion publique serait devenue plus calme et plus éclairée, tel ne fut point l'objet de Napoléon. Il ne considérait pas combien de pouvoir on pouvait confier au peuple sans imprudence, mais cherchait à deviner de combien peu de pouvoir il se contenterait. La constitution qu'il donna à la France était calculée, si tant est qu'elle fût calculée, pour ramener insensiblement ce beau pays à la monarchie absolue, et non pour achever de le façonner à la liberté [1]. Napoléon avait une couronne devant les yeux, et se laissait éblouir par la splendeur de ce hochet suranné. Il aurait pu établir la République [2] ou, au moins, le gouvernement des deux Chambres ; fonder une dynastie de rois était toute son ambition.

1. Les actions du consul sont autant l'histoire de l'Europe que celle de France.
2. Cinq directeurs renouvelés par cinquième et nommés par un Sénat conservateur ; deux chambres élues directement par le peuple, la première, parmi les gens payant mille francs d'impôts : la seconde, parmi les gens qui en payaient dix mille, et renouvelées par cinquième. Un tel gouvernement est une recette sûre contre la conquête.

CHAPITRE XXI

L ES premières mesures du dictateur
furent grandes, sages et salutaires.
Chacun reconnaissait la nécessité
d'un gouvernement fort : on eut un gouvernement fort. Tout le monde se récriait
contre la corruption et le manque d'équité
des derniers gouvernements : le premier
consul empêcha les voleries et prêta la
force de son bras à l'administration de la
justice. Tout le monde déplorait l'existence des partis qui divisaient et affai-
blissaient la France : Napoléon appela à la
tête des affaires les hommes à talents de
tous les partis. Tout le monde craignait
une réaction : Napoléon arrêta d'une main
de fer toute tentative de réaction. Son
gouvernement protégea également tous
ceux qui obéirent aux lois, et punit impi-
toyablement tous ceux qui voulurent les
enfreindre. La persécution avait ranimé
les dernières étincelles du catholicisme :
Napoléon prit le culte sous sa protection
et rendit les prêtres à leurs autels. Les
départements de l'Ouest étaient désolés
par la guerre civile que la loi des otages

avait fait renaître : Napoléon abolit la loi des otages, ferma la liste des émigrés, et, par un mélange judicieux de douceur et de sévérité, rendit à l'Ouest une tranquillité parfaite. Toute la France se réunissait pour souhaiter la paix : Napoléon offrit la paix à ses ennemis. Après que son offre eut été dédaigneusement rejetée par l'Angleterre et par l'Autriche, il soumit cette puissance par l'admirable campagne de Marengo, et ensuite lui pardonna avec une générosité folle. Le cabinet anglais, cette oligarchie vénéneuse, qui emploie au malheur du monde et à river les fers des esclaves les forces et les lumières qu'elle tient de la liberté [1] ; le cabinet anglais, le plus formidable et le plus éclairé des ennemis du premier consul, abandonné par tous ses alliés, fut, à la fin, forcé à faire la paix et à reconnaître la République.

1. Longueur. Cela ôte la lumière au sujet principal. A mettre ailleurs ainsi que la peur de la liberté, de l'autre côté de la Manche, faite à l'aristocratie anglaise. Les Anglais, après avoir eu peur de nos armes sous Napoléon, ont maintenant peur de notre liberté.

CHAPITRE XXII[1]

Napoléon n'avait déjà plus de rivaux parmi les grands hommes des temps modernes ; il était arrivé au faîte de la gloire, et s'il eût voulu donner la liberté à sa patrie, il n'aurait plus trouvé d'obstacles.

On le louait surtout d'avoir rendu la paix à l'Eglise par son Concordat. Ce fut une grande faute et qui reculera d'un siècle l'affranchissement de la France ; il aurait dû se contenter de faire cesser toute persécution[2]. Les particuliers doivent payer leur prêtre, comme leur boulanger.

Il maintint toujours la plus parfaite tolérance envers les Français protestants ;

1. *Note of a great man. I would have added some observations and some anecdotes, here and there, but the departure has robbed me of the opportunity.*

2. Au contraire, une fois pris le parti de la monarchie, ui qui n'avait pas les idées nouvelles en politique, a dû s'environner de la religion, lui donner un lustre, etc... (*Note de Vismara.*)

Il n'avait pas besoin du concordat pour régner sur un peuple d'une extrême indifférence sur la religion, et le seul obstacle sérieux qu'il ait rencontré, a été le Pape à Savone. S'il n'avait pas fait de concordat, le Pape eût toujours été à ses genoux. Cela fut très bien dit à Napoléon par le troisième consul Le Brun. (*Note de Stendhal.*)

de son temps, l'homme qui eût parlé de la violation possible de ce premier droit des hommes, eût passé pour fou. Mettant le doigt sur la plaie qui empêche le catholicisme de se relever, il avait demandé au pape le mariage des prêtres ; mais il trouva peu de lumières dans la cour de Rome. Comme il le dit à Fox, s'il avait insisté sur cet objet, *on aurait crié au pur protestantisme.*

Il avait introduit plus d'équité et plus de rapidité dans l'administration de la justice ; il était occupé de son plus noble ouvrage, le Code Napoléon. Ainsi, exemple unique dans l'histoire, la France doit à son plus grand capitaine d'avoir remédié à la confusion et aux contradictions du dédale de lois qui la régissait. Enfin, à l'aspect de ces gendarmes qu'il choisit parmi ses meilleurs soldats, le crime disparut.

CHAPITRE XXIII

MAIS, en passant de son administration à ses institutions, le tableau change de couleurs. Là, tout est lumière, tout est bonheur, tout est franchise, ici tout est incertitude, tout est mesquin, tout est hypocrisie.

Ses fautes en politique peuvent s'expliquer en deux mots : il eut toujours peur du peuple et il n'eut jamais de plan. Cependant, guidé à son insu par la justesse naturelle de son esprit et par le respect qu'il eut toujours pour l'Assemblée Constituante, ses institutions furent libérales. Il est vrai, un Corps Législatif muet, un Tribunat qui peut parler, mais non voter, un Sénat qui délibère en secret, sont ridicules, car un gouvernement ne peut être à moitié celui de l'opinion. « Mais, nous disions-nous, il faut des Romulus pour fonder des Etats, et il vient ensuite des Numa. » Il était facile, à sa mort, de perfectionner ces institutions et de leur faire produire la liberté. D'ailleurs elles avaient l'immense avantage pour les Français de faire oublier tout ce qui était ancien. Ils ont besoin d'être guéris de leur respect pour l'antiquaille, et Napoléon, mieux conseillé, eût rétabli les Parlements. Au milieu de tant de miracles produits par son génie, le premier consul ne voyait qu'un trône vacant ; et il faut lui rendre cette justice, que ni ses habitudes militaires, ni son tempérament n'étaient propres à guider la mesure d'une autorité limitée. La presse, qui avait osé jeter une lumière importune, fut persécutée et subjuguée. Les individus qui encouraient son déplaisir, étaient menacés, arrêtés, bannis sans jugement. La liberté personnelle n'avait d'autre sécurité, contre les ordres arbitraires de son ministre de la police, que la profondeur de son génie, qui lui faisait voir que toute vexation inutile diminuait la force de la Nation et, par là, celle du prince. Et telle était la force de ce frein, que, régnant sur quarante millions de sujets, et après des gouvernements qui avaient pour ainsi dire encouragé tous les crimes, les prisons d'Etat étaient moins pleines que sous le bon Louis XVI. Il y avait un tyran, mais il y avait peu d'arbitraire. Or, le véritable cri de la civilisation est : Point d'arbitraire !

Agissant au jour le jour, et d'après les saillies de son humeur qui étaient terribles, contre les corps politiques, parce qu'eux

seuls firent connaître la peur à cette âme
intrépide, un beau jour, le Tribunat ayant
osé raisonner juste contre les projets de
lois préparés par ses ministres, il chassa
de ce corps tout ce qui valait quelque chose et, peu après, le supprima
entièrement. Le Sénat, bien loin d'être
conservateur, éprouvait des mutations
perpétuelles et s'avilissait sans cesse, car
Bonaparte ne voulait pas qu'aucune ins-
titution prît des racines dans l'opinion.
Il fallait qu'un peuple très fin sentît au
milieu des phrases de *stabilité*, de *postérité*,
que rien n'était stable que son pouvoir,
que rien n'était progressif, que son autorité. « Les Français, dit-il vers ce temps,
sont indifférents à la liberté ; ils ne la
comprennent ni ne l'aiment ; la vanité
est leur seule passion, et l'égalité politique,
qui permet à tous l'espérance d'arriver
à toutes les places, est le seul droit politique dont ils fassent cas. »

Jamais rien de plus juste n'a été dit
sur la nation française [1].

Sous l'empereur, la théorie faisait crier
les Français : *A la liberté*, bien plus qu'ils
n'en éprouvaient réellement le besoin.

---

1. *For me :* Ce qui me montre la bêtise des Bourbons
c'est que voulant un plaisir absolu, ils ne prennent pas cette
route.

Voilà pourquoi la suppression de la liberté de la presse était si bien calculée. La nation se montra parfaitement indifférente quand le premier consul lui ôta la liberté de la presse et la liberté individuelle. Aujourd'hui, elle souffre profondément de leur absence. Pour être juste, elle ne doit pas sentir avec sa susceptibilité d'aujourd'hui les événements d'alors. Alors l'épée de Frédéric (du vainqueur de Rosbach), apportée aux Invalides, la consolait de la perte d'un droit. Très souvent la tyrannie était exercée dans l'intérêt général : voyez la fusion des partis, l'arrangement des finances, l'établissement des Codes, les travaux des Ponts et Chaussées. On peut concevoir au contraire un gouvernement qui ne fasse éprouver que peu de gêne à l'individu parce qu'il est faible, mais qui emploie toute sa petite force à molester l'intérêt général.

Le premier consul se convainquit bien que la vanité était en France la passion nationale. Pour satisfaire à la fois cette passion de tous et sa propre ambition, il fut attentif à agrandir la France et à augmenter son influence en Europe. Le Parisien en trouvant un matin dans son *Moniteur* un décret commençant par ces mots : *La Hollande est réunie à l'Empire*, admirait la puissance de la France, voyait

Napoléon bien supérieur à Louis XIV, se faisait gloire d'obéir à un tel maître, oubliait qu'il avait été vexé, la veille, par la conscription ou les Droits Réunis, et songeait à demander pour son fils une place en Hollande.

A l'époque dont nous parlons, le Piémont, les États de Parme et l'île d'Elbe furent successivement annexés à la République. Ces réunions partielles fournissaient à la conversation. Melzi, témoignant à Napoléon ses craintes pour la réunion du Piémont, le premier consul répondit en souriant : « Ce bras est fort, il ne demande qu'à porter. » L'Espagne lui céda la Louisiane. Il rentra en possession de Saint-Domingue par des démarches qui ne sont pas bien connues, mais qui semblent tout à fait dignes de la perfidie et de l'atrocité d'un Philippe II. Il rassembla à Lyon les citoyens les plus marquants de cette République Cisalpine, la seule belle création de son génie politique. Il leur ôta les rêves de la liberté et les força de le nommer président. L'aristocratie de Gênes, plus méprisable que celle de Venise, fut sauvée pour quelque temps par l'adresse d'un de ses nobles qui, d'abord l'ami de Napoléon, éprouva, depuis, plusieurs années de persécution, en conséquence de ce trait de patriotisme. L'Helvétie fut forcée d'accepter sa médiation. Mais, tandis qu'il empêchait la liberté de naître en Italie, il voulut la ramener en Suisse. Il créa le canton de Vaud et arracha ce beau pays, où la liberté subsiste encore aujourd'hui, à l'avilissante tyrannie de l'aristocratie bernoise. L'Allemagne fut divisée et redivisée entre ses princes suivant ses vues, celles de la Russie et la vénalité de son ministre.

Telles furent en une seule année les actions de ce grand homme.

Les libellistes et Mme de Staël y voient du malheur pour le genre humain : c'est le contraire. Depuis un siècle, ce n'est pas précisément de bonnes intentions que l'on manque en Europe, mais de l'énergie nécessaire pour remuer la masse énorme des habitudes. Tout grand mouvement ne peut être désormais qu'à l'avantage de la morale, c'est-à-dire du bonheur du genre humain. Chaque choc qu'éprouvent toutes ces vieilleries les rapproche du véritable équilibre [1].

On assure qu'à son retour des comices de Lyon, le premier consul avait l'idée

---

1. Voyez les Etats qui se réorganisent après la chute de Napoléon, comparez-les à ce qu'ils étaient avant la conquête : Genève, Francfort, etc... Le trésor d'un peuple, ce sont ses habitudes.

de se faire déclarer empereur des Gaules.
Le ridicule en fit justice. On vit sur le boulevard une caricature représentant un
enfant conduisant des dindons avec une
gaule, et au-dessous, ces mots : *L'Empire
des Gaules.* La garde des consuls lui prouva par ses murmures qu'elle n'avait pas
encore oublié ses cris de : *Vive la République*, qui l'avaient si souvent conduite
à la victoire. Lannes, le plus brave de ses
généraux, qui, en Italie, lui avait sauvé
la vie deux fois et dont l'amitié allait jusqu'à la passion, lui fit une scène de républicanisme.

Mais un Sénat servile et un peuple insouciant le firent consul à vie, avec le pouvoir
de désigner son successeur. Il ne lui restait plus à désirer qu'un vain titre.
Les événements extraordinaires, dont nous
allons rendre compte, le revêtirent bientôt après de la pourpre impériale[1].

2. Peut-être ôter : *bientôt après.*

CHAPITRE XXIV

LA modération du premier consul, si différente de la violence des gouvernements précédents, remplit les royalistes d'espérances folles et sans bornes. Le Cromwell de la Révolution venait de paraître ; ils furent assez simples pour voir en lui un général Monk. Revenus de leur erreur, ils cherchèrent à venger leurs espérances trompées, et l'on eut la machine infernale. Un tonneau sur une petite charrette fut confié, par un inconnu, à un jeune enfant. C'était à l'entrée de la rue Saint-Nicaise, il était nuit ; l'inconnu, voyant la voiture du premier consul sortir des Tuileries pour aller à l'Opéra, s'éloigna rapidement. Le cocher du consul, au lieu de s'arrêter devant la petite charrette qui barrait un peu le chemin, n'hésita pas à pousser ses chevaux au galop, au risque de renverser la charrette [1]. Deux secondes après, elle éclata avec un fracas épouvantable, lançant au loin les membres du malheureux enfant et d'une trentaine

1. Voir Las Cases.

de passants qui se trouvèrent dans la rue. La voiture du consul, qui n'était encore qu'à une vingtaine de pieds de la charrette, fut sauvée parce qu'elle se trouva avoir tourné l'angle de le rue de Malte [1]. Napoléon a toujours cru que le ministre anglais Windham avait prêté la main à cette entreprise. Il le dit à Fox dans la fameuse conversation que ces deux grands hommes eurent aux Tuileries. Fox nia beaucoup, puis se rabattit sur la loyauté connue du gouvernement anglais. Napoléon, qui l'estimait infiniment, eut la politesse de ne pas rire [2].

La paix avec l'Angleterre, qui survint sur ces entrefaites, arrêta les machinations des royalistes, mais, bientôt après, quand la guerre se renouvela, leurs complots recommencèrent. Georges Cadoudal [3], Pichegru et d'autres émigrés arrivèrent secrètement à Paris. Le tranquille Moreau, entraîné par les propos des officiers de son état-major qui voulaient faire un ambitieux de leur général, se persuada qu'il était ennemi du premier consul et

1. Ici Las Cases.
2. On saura plus tard la vérité. En attendant, on peut lire les *Mémoires* du comte de Vauban, qui fut le général Lannes des émigrés, et les pamphlets de M. de Montgaillard.
3. La famille de Cadoudal vient d'être anoblie par S. M. Louis XVIII.

entra dans leurs machinations. Il y eut des réunions à Paris, où l'on discuta des plans pour l'assassinat de Napoléon et l'établissement d'une nouvelle forme de gouvernement.

CHAPITRE XXV[1]

PICHEGRU et Georges furent arrêtés. Pichegru s'étrangla au Temple ; Georges fut exécuté ; Moreau fut mis en jugement et condamné à la prison. Sa peine fut commuée et il partit pour l'Amérique. Le duc d'Enghien, petit-fils du prince de Condé, qui résidait sur le territoire de Bade, à quelques milles de la France, fut arrêté par des gendarmes français, emmené à Vincennes, mis en jugement, condamné et exécuté, comme émigré et conspirateur. Des complices subalternes de cette conspiration, quelques-uns furent exécutés ; la plus grande partie eut son pardon. On vit la peine de mort commuée en celle de la prison. Le capitaine Wright, qui avait débarqué les conspirateurs et qui paraissait avoir eu connaissance de leurs complots, fut pris sur les côtes de France, renfermé pendant plus d'un an à la tour du Temple, et traité avec tant de dureté qu'il mit fin à sa propre existence.

1. Tout ce qui suit à fondre avec Las Cases. 30 juin 1818.

La découverte de cette conspiration obtint, pour Napoléon, le dernier et grand objet de son ambition ; il fut nommé empereur des Français, et l'empire fut héréditaire dans sa famille. « Ce gaillard-là, disait un de ses propres ambassadeurs, sait tirer parti de tout. »

Telle est, à ce que je crois, la véritable histoire de ces grands événements [1]. J'observe de nouveau que la vérité tout entière sur Bonaparte ne peut guère être connue que dans cent ans. Que Pichegru ou le capitaine Wright aient fini autrement que par leurs propres mains, je n'en ai jamais rencontré de preuve qui pût soutenir le moindre examen [2].

Quel eût été le motif de Napoléon pour faire périr Pichegru en secret ? Le caractère de fer du premier consul épouvantant l'Europe et la France, ce qu'il y avait de plus impolitique à lui, c'était de donner à ses ennemis un prétexte pour l'accuser

1. Ailleurs : Napoléon dut sentir vivement la perte de Lucien qu'une jalousie fort naturelle et l'ascendant du parti Beauharnais lui avaient fait éloigner. Lucien avait une partie de ce qui manquait à Napoléon et l'eût empêché de céder à ce fatal aveuglement qui peu à peu n'en fit qu'un despote ordinaire. *Biographie des hommes vivants*, 1, 543.

2. Jamais de plus grands bienfaits ne semblèrent établir de plus grands droits. Il aurait fallu pour le bonheur de la France que Napoléon mourût tandis qu'il était occupé à monarchiser sa belle armée du camp de Boulogne. — Dominique.

d'un crime. L'amour de l'armée pour Pichegru avait été affaibli par sa longue absence et entièrement détruit par le crime que l'opinion publique ne pardonne jamais en France : la liaison ouverte avec les ennemis de la patrie. Le conseil de guerre le plus impartial aurait indubitablement condamné à mort le général Pichegru, comme traître lié avec les ennemis de la France, ou comme conspirateur contre le gouvernement établi, ou enfin comme déporté rentré sur le territoire de la République. Mais, dit-on, Pichegru avait été mis à la question, on lui avait serré les pouces dans des chiens de fusil, et Napoléon craignait la révélation de cette atrocité. J'observe que cette pratique atroce de donner la question n'est abolie en France que depuis la Révolution et que la plupart des rois de l'Europe en font encore usage dans les complots contre leur personne. Enfin, il vaut mieux courir la chance d'être accusé d'une cruauté que d'un assassinat, et il était facile de jeter celle-ci sur le compte d'un subalterne qu'on eût puni. On pouvait faire condamner Pichegru à mort par un jugement qui parût juste à la nation et commuer sa peine en une prison perpétuelle. Il faut remarquer que l'espoir d'obtenir des révélations par le supplice de la question n'est pas calculé pour des âmes de la trempe de celle de Pichegru. Comme le jeune guerrier sauvage, cette lâche ressource n'eût fait qu'animer l'intrépidité du général. Des Anglais et des Français détenus au Temple ont vu le corps de Pichegru, et aucun homme digne de foi n'a dit avoir aperçu des marques de la torture.

Quant à l'affaire du capitaine Wright, elle demande un peu plus de discussion. Il n'était ni traître, ni espion ; il servait ouvertement son gouvernement en guerre avec la France. Les Anglais disent que, quand les Bourbons ont assisté les prétendants de la maison Stuart dans leurs entreprises réitérées contre la constitution et la religion de l'Angleterre, ce gouvernement n'a jamais traité avec une excessive dureté les Français employés dans ce service et qui tombaient dans ses mains. Quand l'heureuse issue de la bataille de Culloden, au contraire de celle de Waterloo, éteignit les dernières espérances des émigrés anglais, les Français, au service du prétendant, furent reçus prisonniers de guerre et traités exactement comme les prisonniers faits en Flandre ou en Allemagne. Je réponds que, probablement, aucun de ces officiers français ne fut pris pendant qu'il était engagé dans une entreprise d'assassinat contre le roi illégitime de l'Angleterre. On peut dire que Napoléon fit resserrer Wright dans sa prison avec une excessive dureté, mais, d'après ce qui s'est passé en Espagne et en France depuis deux ans, il n'est pas douteux que les rois légitimes n'eussent traité le malheureux capitaine avec une cruauté encore plus révoltante. Rien ne prouve que Napoléon l'ait fait assassiner. Que gagnait-il à ce crime qui, d'après la connaissance qu'il avait de la presse anglaise, allait retentir dans toute l'Europe ?

Une réflexion bien simple va donner une preuve directe. Si ce crime était vrai, serions-nous obligé d'en chercher des preuves en 1818 ? Les geôliers qui ont gardé Pichegru et le capitaine Wright sont-ils donc tous morts ? La police de France est confiée à un homme d'un esprit supérieur et ces gens n'ont point été interrogés publiquement. Il en est de même des hommes qui auraient été employés pour assassiner Pichegru et le capitaine Wright. Est-ce par ménagement pour la réputation de Napoléon que le gouvernement des Bourbons n'emploie pas ce moyen si simple ? On a vu, dans le procès du malheureux général Bonnaire, des soldats répondre très librement qu'ils se souvenaient fort bien d'avoir fusillé Gordon, à des juges qui pouvaient à leur tour les faire fusiller.

CHAPITRE XXVI

A SAINTE-HÉLÈNE, le chirurgien Warden qui paraît être un véritable
Anglais, c'est-à-dire un homme
froid, borné, honnête et détestant Napoléon, lui dit un jour, que les vérités du
saint évangile elles-mêmes ne lui avaient
pas semblé plus évidentes que ses crimes.
Warden, entraîné, malgré lui, par la grandeur d'âme et la simplicité de son inter-
locuteur, se laissa aller à développer ses
sentiments [1]. Napoléon parut satisfait, et,
par reconnaissance de sa franchise, lui
demanda, à son grand étonnement, s'il
se rappelait l'histoire du capitaine Wright.
« Je répondis : Parfaitement bien ; et il
n'est pas une âme en Angleterre qui ne
croie que vous l'avez fait mettre à mort
au Temple. Il répliqua très vivement :
Pour quel objet ? Il était, de tous les
hommes, celui dont la vie m'était la plus
utile : où pouvais-je trouver un plus irré-
cusable témoin dans le procès qu'on ins-
truisait contre les conspirateurs ? C'était

1. P. 128. 6ᵉ éd. chez Ackerman.

lui qui avait débarqué sur les côtes de France les chefs de la conspiration. Ecoutez, ajoûta Napoléon, et vous allez tout savoir. Votre gouvernement envoya un brick, commandé par le capitaine Wright, lequel débarqua sur les côtes de l'ouest de la France, des assassins et des espions. Soixante-dix de ces gens-là avaient réussi à gagner Paris, et toute cette affaire avait été menée avec tant d'adresse que, quoique le comte Réal, de la police, m'eût annoncé leur arrivée, jamais on ne put découvrir leur retraite. Je recevais tous les jours de nouveaux rapports de mes ministres qui m'annonçaient qu'on attenterait à ma vie, et, quoique je ne crusse pas la chose aussi probable qu'eux, je pris des précautions pour ma sûreté.

» Il arriva qu'on prit près de Lorient le brick commandé par le capitaine Wright. On mena cet officier au préfet du Morbihan, à Vannes. Le général Julien, alors préfet, et qui m'avait suivi en Egypte, reconnut sur-le-champ le capitaine Wright. Le général Julien reçut l'ordre de faire interroger séparément chaque matelot ou officier de l'équipage anglais et d'envoyer les interrogatoires au ministre de la police. D'abord, ces interrogatoires parurent assez insignifiants ; cependant, à la fin, les dépositions d'un homme de l'équipage donnèrent ce qu'on cherchait. Il disait que le brick avait débarqué plusieurs Français, il s'en rappelait particulièrement un, un bon compagnon, fort gai, qu'on appelait Pichegru. C'est ce mot qui fit découvrir une conspiration qui, si elle eût réussi, aurait précipité pour une seconde fois la nation française dans les hasards d'une révolution. Le capitaine Wright fut amené au Temple ; il devait y rester jusqu'au moment où l'on jugerait convenable de commencer le procès des conspirateurs. Les lois françaises auraient conduit Wright à l'échafaud. Mais ce détail n'avait aucune importance. L'essentiel était de s'assurer des chefs de la conspiration. » L'empereur finit par donner plusieurs fois l'assurance que le capitaine Wright avait mis fin à ses jours de ses propres mains, ainsi qu'il est dit dans le *Moniteur*, et de beaucoup meilleure heure qu'on ne le croit généralement.

Quand, à l'île d'Elbe, lord Ebrington mentionna à l'empereur la mort du capitaine Wright, d'abord, il ne se rappela pas ce nom anglais, mais, quand on lui apprit que c'était un compagnon de sir Sydney Smith, il dit : « Est-il donc mort en prison, car j'ai entièrement oublié la circonstance ? » Il repoussa toute idée de coup d'Etat, ajouta qu'il n'avait fait mettre à

mort aucun homme d'une manière clan-
destine et sans un jugement préalable. « Ma
conscience est sans reproche sur ce point ;
si j'avais eu moins de répugnance à répandre le sang, peut-être ne serais-je pas
ici en ce moment. »

Les dépositions de M. de Maubreuil
pourraient faire croire que cette répugnance pour l'assassinat n'est pas aussi
générale qu'on le croit [1].

1. Voir les dépositions de M. de Maubreuil, marquis
d'Aulay, sténographiées, et qui courent Paris manuscrites,
Prudence ; archi-prudence.

CHAPITRE XXVII

L E chirurgien Warden raconte qu'après l'histoire du capitaine Wright, et à son grand étonnement, Napoléon se mit à parler de la mort du duc d'Enghien. Il parlait avec vivacité et en se levant souvent du sopha sur lequel il était couché. « A cette époque de ma vie si pleine d'événements [1], j'avais réussi à redonner l'ordre et la tranquillité à un empire renversé de fond en comble par les factions et nageant dans le sang. Un grand peuple m'avait mis à sa tête. Remarquez que je n'arrivais pas au trône comme votre Cromwell ou votre Richard III. Rien de pareil : je trouvai une couronne dans le ruisseau, j'essuyai la boue qui la couvrait et la mis sur ma tête. Ma vie était indispensable pour la durée de l'ordre si récemment rétabli, et que j'avais su conserver avec tant de succès, ainsi que le reconnaissaient en France les gens qui étaient à la tête de l'opinion. A cette époque, chaque nuit, on m'apportait des rapports,

---

1 Warden, p. 144.

et ces rapports annonçaient tous qu'on
tramait une conspiration, que des réunions
avaient lieu à Paris dans des maisons particulières. Et cependant on ne pouvait
obtenir de preuves satisfaisantes. Toute
la vigilance d'une police infatigable était
mise en défaut. Mes ministres allèrent
jusqu'à suspecter le général Moreau. Ils
me pressèrent souvent de signer l'ordre de
son arrestation ; mais ce général avait
alors un si grand nom en France qu'il me
semblait qu'il avait tout à perdre et rien
à gagner en conspirant contre moi. Je
refusai l'ordre de l'arrêter ; je dis au ministre de la police : « Vous m'avez nommé
Pichegru, Georges et Moreau ; donnez-moi
la preuve que le premier est à Paris et je
ferai immédiatement arrêter le dernier. »
Une singulière circonstance conduisit à
la découverte du complot. Une nuit,
comme j'étais agité et sans sommeil, je
quittai le lit et me mis à examiner la liste
des conspirateurs. Le hasard qui, après
tout, gouverne le monde, fit que mon œil
s'arrêta au nom d'un chirurgien rentré
depuis peu des prisons d'Angleterre. L'âge
de cet homme, son éducation, l'expérience
qu'il avait des choses de la vie, me por-
tèrent à croire que sa conduite avait un
tout autre motif qu'un enthousiasme de
jeune homme en faveur des Bourbons.

Autant que les circonstances me mettaient à même de le juger, l'argent devait être le but de cet homme. Il fut arrêté ; on le fit comparaître devant des agents de la police déguisés en juges, par lesquels il fut condamné à mort, et on lui annonça que l'arrêt était exécutoire dans un délai de six heures. Le stratagème eut son effet : il avoua.

« On savait que Pichegru avait un frère, un vieux moine retiré à Paris. Le moine fut arrêté et, au moment où les gendarmes l'emmenaient, une plainte qui lui échappa découvrit enfin ce que j'avais tant d'intérêt à connaître : « C'est parce que j'ai donné asile à un frère que je suis traité de la sorte. »

La première annonce de l'arrivée de Pichegru à Paris avait été donnée par un espion de la police qui rapporta une conversation curieuse qu'il avait entendue entre Moreau, Pichegru et Georges dans une maison sur le boulevard. On y avait arrêté que Georges se déferait de Bonaparte, que Moreau serait premier consul et Pichegru second consul. Georges insista pour être troisième consul. A quoi les autres objectèrent que comme il était connu pour royaliste, toute tentative pour l'associer au gouvernement les perdrait tous dans l'opinion publique. Sur quoi, le fougueux

Cadoudal s'écria : « Si ce n'est donc pas pour moi, je suis pour les Bourbons, et si ce n'est ni pour eux ni pour moi, bleus pour bleus, j'aime autant que ce soit Bonaparte que vous. » Quand Moreau fut arrêté et interrogé il répondit d'abord avec hauteur, mais, quand on lui présenta le procès-verbal de cette conversation, il s'évanouit.

« L'objet du complot, continua Napoléon, était ma mort, et, s'il n'avait pas été découvert, il aurait réussi. Ce complot venait de la capitale de votre pays. Le comte d'Angoumois était à la tête de l'entreprise [1]. Il envoya à l'Ouest le duc de Bourgogne [2] et à l'Est le duc d'Enghien. Vos vaisseaux jetaient sur les côtes de France les agents subalternes de la conspiration. Le moment pouvait être décisif contre moi ; je sentis chanceler mon trône. Je résolus de renvoyer la foudre aux Barmécides [3], fût-ce même dans la métropole de l'empire britannique.

Les ministres me pressaient de faire arrêter le duc d'Enghien, quoique habitant un territoire neutre. J'hésitais toujours. Le prince de Bén[évent] m'apporta deux

1. Warden, p. 147.
2. M. Royer fait remarquer que c'est par prudence que Stendhal a travesti les noms du comte d'Artois et du duc de Berry. N. D. L. E.
3. Les Bourbons, bien entendu. N. D. L. E.

fois l'ordre et me pressa de le signer, avec toute l'énergie dont il est capable. J'étais environné d'assassins que je ne pouvais découvrir. Je ne cédai que quand je fus convaincu de la nécessité.

Je pouvais facilement arranger l'affaire avec le duc de Bade. Pourquoi devais-je souffrir qu'un individu, résidant sur la frontière de mon empire, pût commettre librement un crime qui, un mille plus près de moi, l'eût conduit à l'échafaud. Ne vis-je pas dans cette circonstance le principe d'après lequel a agi votre gouvernement lorsqu'il ordonna la capture de la flotte danoise ? J'avais les oreilles rebattues de cette maxime que la nouvelle dynastie ne serait jamais établie tant qu'il resterait un Bourbon. Talleyrand ne déviait jamais de ce principe. C'était le fondement, la pierre angulaire de son credo politique. J'examinai cette idée avec une extrême attention, et le résultat de mes réflexions fut de me ranger entièrement à l'opinion de Talleyrand. Le juste droit de ma défense personnelle, le juste soin de la tranquillité publique [1] me décidèrent contre le duc d'Enghien. J'ordonnai qu'il fût arrêté et jugé. Il fut condamné à mort

---

1. Voir les massacres de Nîmes. La meilleure histoire est celle d'un ministre protestant de Londres, M... Voyez *Lyon en* 1817, par le colonel Fabvier.

et fusillé, et autant il en serait arrivé, quand il eût été Louis IX lui-même [1]. Les assassins avaient été lancés sur moi, de Londres avec le comte d'Angoumois à leur tête. Tous moyens ne sont-ils pas légitimes contre l'assassinat ? »

1. Warden, 6e. éd., p. 14.

CHAPITRE XXVIII

LA justification telle quelle de cet assassinat ne peut en effet sortir que de preuves montrant que le jeune prince était lui-même entré dans la conspiration contre la vie de Napoléon. Ces preuves sont annoncées dans le jugement rendu à Vincennes, mais n'ont jamais été communiquées au public. Voici un second récit de cet événement fait par Napoléon à lord Ebrington : « Le duc d'Enghien était engagé dans un complot contre ma vie. Il avait fait deux voyages à Strasbourg déguisé. J'ordonnai en conséquence qu'il fût saisi et jugé par une commission militaire qui le condamna à mort. On m'a dit qu'il demanda à me parler, ce qui me toucha, car je savais que c'était un jeune homme de cœur et de mérite. Je crois même que je l'aurais peut-être vu ; mais M. de Talleyrand m'en empêcha, disant : « N'allez pas vous compromettre avec un Bourbon. Vous ne savez quelles pourraient en être les suites. Le vin est tiré, il faut le boire. » Lord Ebrington demandant s'il était vrai que le duc eût été fusillé à la

lumière, l'empereur répliqua vivement :
« Eh non, cela eût été contre la loi ; l'exécution eut lieu à l'heure ordinaire et j'ordonnai que le rapport de l'exécution et le jugement fussent affichés immédiatement dans
toutes les villes de France. » Il est remarquable que dans cette conversation et
dans d'autres qui eurent lieu sur le même
sujet, Napoléon eut toujours l'air de croire
que voir le duc d'Enghien et lui pardonner
étaient une seule et même chose. Jacques II,
roi très dévot, ne pensait pas de même
quand il accorda une audience au fils favori
de son frère, avec la résolution prise d'a-
vance de lui faire trancher la tête au sortir
de son cabinet. C'est que la clémence ne
peut s'allier qu'à un grand courage.

CHAPITRE XXIX[1]

« Votre pays m'accuse aussi de la mort de Pichegru, continua l'empereur. » — « L'immense majorité des Anglais croit fermement que vous l'avez fait étrangler au Temple. » — Napoléon répondit avec feu : « Quelle plate folie ! Excellente preuve de la manière dont la passion peut obscurcir cette sûreté de jugement dont les Anglais sont si fiers ! Pourquoi faire périr par un crime un homme que toutes les lois de son pays conduisaient à l'échafaud ? Vos gens seraient excusables s'il s'agissait de Moreau. Si ce général eût trouvé la mort en prison, il y aurait des raisons pour ne pas croire au suicide. Moreau était chéri du peuple et de l'armée, et sa mort dans l'ombre d'une prison, quelque innocent que j'en eusse été, ne m'aurait jamais été pardonnée. »

1. Georges, Pichegru, Moreau ; voici une seconde justification d'un fait de N. qui occupe de trop ; de même que les faits qui en sont la cause renferment beaucoup de répétition et une prolixité. (*Note de Vismara.*) — Vrai. (*Note de Stendhal.*)

« Napoléon s'arrêta, continue Warden, je répliquai : « On peut convenir avec vous, général, qu'à cette époque de votre histoire, des mesures sévères étaient indispensables, mais personne, je pense, n'entreprendra de justifier la manière précipitée avec laquelle le jeune duc d'Enghien fut enlevé, jugé et exécuté. » Il répondit avec feu : « Je suis justifié dans ma propre opinion et je répète la déclaration que j'ai déjà faite, que j'aurais ordonné avec le même sang-froid l'exécution de Louis IX[1]. Pourquoi entreprenait-on de m'assassiner ? Depuis quand est-ce qu'on ne peut pas tirer sur l'assassin qui fait feu sur vous ? J'affirme avec la même solennité qu'aucun message, qu'aucune lettre du duc d'Enghien ne me parvint après sa condamnation. »

M. Warden ajoute : « On dit qu'il existe entre les mains de Talleyrand une lettre adressée à Napoléon par le jeune prince, mais que ce ministre prit sur lui de ne la remettre que lorsque la main qui l'avait écrite était déjà glacée par la mort. J'ai vu une copie de cette lettre dans les mains du comte Las Cases. Il me la montra froidement, comme faisant partie de la masse des documents secrets qui pourront prou-

1. Il s'agit ci de Louis XVIII. N. D. L. E.

ver certains points mystérieux de l'histoire qu'il écrit sous la dictée de Napoléon.

Le jeune prince demandait la vie. Il dit que dans son opinion la dynastie des Bourbons est finie ; que telle est sa ferme croyance, qu'il ne considère plus la France que comme sa patrie, et que, comme telle, il la chérit avec l'ardeur du plus sincère patriote ; mais tous ses sentiments sont d'un simple citoyen. La perspective de la couronne n'entre pour rien dans sa conduite ; elle est à jamais perdue pour l'ancienne dynastie. Il demande en conséquence la permission de consacrer sa vie et ses services à la France, uniquement à son titre de Français né dans son sein. Il est prêt à prendre un commandement quelconque dans l'armée française, à devenir un brave et loyal soldat, parfaitement soumis aux ordres du gouvernement, dans quelques mains qu'il puisse être placé. Il est prêt à prêter serment de fidélité. Il finit par dire que, si la vie lui est conservée, il la consacrera, avec courage et inviolable fidélité, à défendre la France contre ses ennemis. »

CHAPITRE XXX

NAPOLÉON continua à parler de la famille des Barmécides [1]. « Si j'avais nourri le désir d'avoir en mon pouvoir tous les B... ou un membre quelconque de cette famille, je l'aurais pu facilement. Vos contrebandiers de mer (*smugglers*) m'offraient un B... pour 40.000 francs ; mais, quand on en venait à une explication plus précise, ils ne répondaient pas absolument de livrer un B... vif ; mais, avec la condition de mort ou vif, ils ne faisaient pas le moindre doute de pouvoir remplir leurs engagements. Mais mon but n'était pas uniquement de leur ôter la vie. Les circonstances s'arrangeaient tellement autour de moi, que je me tenais assuré de mon trône. J'avais la conscience de ma tranquillité, et j'accordais la tranquillité aux B... Tuer pour tuer, quoiqu'on ait pu dire de moi en Angleterre, n'est jamais entré dans mes maximes. Pour quelle fin aurais-je pu entretenir cette horrible manière

1. Toujours le nom que Stendhal par prudence donne aux Bourbons. N. D. L. E.

de voir ? Quand sir Georges Rumbold et
M. Drake, qui étaient employés à entretenir une correspondance avec des conspirateurs à Paris, furent pris, ils ne furent
pas mis à mort. »

CHAPITRE XXXI

J E n'ai pas interrompu le récit de Napoléon. Deux réflexions me sont venues. On peut dire sur Pichegru : toute cette justification est fondée sur cette maxime ancienne :

« Celui-là fait le crime à qui le crime sert. »

Mais le despotisme n'a-t-il jamais de lubies inexplicables ? Tout ce raisonnement serait également bon pour prouver que Napoléon n'a jamais menacé de faire fusiller MM. Laîné, Flaugergues et Renouard.

Sur la mort du duc d'Enghien, on pourra se demander, dans dix ans, de combien de degrés elle est plus injuste que celle du duc d'El[chingen] [1]. A l'époque de la mort du duc d'Enghien, on disait à la cour que c'était une vie sacrifiée aux craintes des acquéreurs de domaines nationaux. Je tiens du général Duroc que l'impératrice Joséphine, pour obtenir la grâce du prince, se jeta aux genoux de Napoléon ;

1. Prudence.

il la repoussa avec humeur ; il sortit
de la chambre ; elle se traîna sur ses genoux jusqu'à la porte. Dans la nuit, elle
lui écrivit deux lettres ; son excellent cœur
était vraiment à la torture. J'ai ouï conter
à la cour que l'aide de camp du maréchal
Moncey, qui apporta la nouvelle que le
duc d'Enghien était venu déguisé à
Strasbourg, avait été induit en erreur. Le
jeune prince avait une intrigue dans le
pays de Bade avec une femme qu'il ne
voulait pas compromettre, et, pour avoir
des rendez-vous avec elle, disparaissait
de temps en temps, ou habitait, pour sept
ou huit jours, la cave de la maison de cette
dame. On crut que, pendant ses absences,
il venait conspirer à Strasbourg. C'est surtout cette circonstance qui détermina
l'empereur. Les mémoires du comte Réal,
du comte Lavalette et des ducs de Rovigo
et de Vicence éclairciront tout ceci.

Dans tous les cas, Napoléon se serait
épargné une justification pénible auprès
de la postérité, en attendant, pour faire
arrêter le duc d'Enghien, qu'il vînt une
troisième fois à Strasbourg.

On peut se demander si jamais la liberté de la presse aurait pu faire autant
de mal au premier consul que son asser-
vissement lui en fit dans les affaires de la
conspiration de 1804. Personne n'ajouta

la moindre croyance à l'histoire de la conspiration ; le premier consul fut regardé
comme ayant assassiné gratuitement le
duc d'Enghien, et comme se croyant assez
mal affermi pour avoir eu peur de l'influence de Moreau. Malgré ces inconvé-
nients, je crois que Napoléon tyran faisait bien d'enchaîner la presse. La nation
française a une heureuse particularité :
chez elle, l'immense majorité pensante
est formée de petits propriétaires à vingt
louis de rente. Cette classe est seule en
possession aujourd'hui de l'énergie, que
la politesse a détruite dans les rangs les
plus élevés. Or cette classe ne comprend
et ne croit à la longue, que ce qu'elle lit
imprimé ; les bruits de société expirent
avant de lui arriver ou s'effacent bientôt
de sa mémoire. Il n'y avait au monde qu'un
moyen de la rendre sensible à ce qu'elle
ne lit pas imprimé ; c'était de l'alarmer sur
les biens nationaux. Quant à Moreau, il
fallait employer ce général, le mettre dans
des circonstances où sa faiblesse parût
dans tout son jour. Par exemple, lui faire
perdre sa gloire par quelque expédition
dans le genre de celle de Masséna en Portugal.

CHAPITRE XXXII

LES projets de descente en Angleterre furent abandonnés parce que l'empereur ne trouva pas dans la marine les talents à jamais admirables que la Révolution avait fait naître dans les troupes de terre. Chose singulière, des officiers français semblèrent manquer de caractère. Par la conscription, l'empereur avait *quatre-vingt mille hommes de rente*[1]. Avec les pertes des hôpitaux cela suffit pour donner quatre grandes batailles par an. On pouvait, en quatre ans, tenter huit fois la descente en Angleterre, et pour qui connaît les bizarreries de la mer, une de ces descentes pouvait fort bien réussir. Voyez la flotte française partir de Toulon, prendre Malte et arriver en Egypte. L'Irlande, opprimée par la plus abominable et la plus sanguinaire tyrannie[2], pou-

1. En 1788, l'ancienne France avait vingt-cinq millions d'habitants ; en 1818, elle en a plus de vingt-neuf. C'est que le nombre d'hommes est toujours proportionnel au nombre de grains de blé. Voir l'appendice de l'ouvrage de M. Le Sur sur la France. Paris, fin de 1817 : cet appendice est fourni par les ministères.

2. Voir l'*Edinburgh Review*, nᵒˢ 56 ou 55 *.

* En réalité c'est au nᵒ 54 que Stendhal renvoie ici, à un article sur la question catholique en Irlande. N. D. L. E.

vait fort bien, dans un accès de désespoir, accueillir l'étranger.

En mettant le pied en Angleterre, on divisait aux pauvres les biens des trois cents pairs ; on proclamait la constitution des Etats-Unis d'Amérique, on organisait des autorités anglaises, on encourageait le jacobinisme, on déclarait qu'on avait été appelé par la partie opprimée de la nation, qu'on avait seulement voulu détruire un gouvernement aussi nuisible à la France qu'à l'Angleterre elle-même et qu'on était prêt à se retirer. Si, contre toute apparence, une nation dont le tiers est à l'aumône, n'écoutait pas ce langage, en partie sincère, on brûlait les quarante villes les plus importantes. Il était très probable que quinze millions d'hommes, dont un cinquième est poussé à bout par le gouvernement, et qui tous n'ont que du courage sans aucune expérience militaire, ne pourraient pas, de deux ou trois ans, résister à trente millions d'hommes obéissant avec assez de plaisir à un despote homme de génie.

Tout cela manqua parce qu'il ne se trouva pas de Nelson dans notre marine[1]. L'armée française quitta le camp de Boulogne pour une guerre continentale qui

1. Ni Nelson, ni lord Cochrane. Voir l'histoire de l'amiral Villeneuve.

vint donner un nouvel éclat à la réputation militaire de l'empereur, et l'éleva à un point de grandeur que l'Europe n'avait vu dans aucun souverain, depuis les temps de Charlemagne. Pour la seconde fois, Napoléon vainquit la maison d'Autriche et fit la faute de l'épargner ; seulement il lui prit ses Etats de Venise et força l'empereur François à renoncer à son ancien titre impérial et à l'influence qu'il lui donnait encore en Allemagne. La bataille d'Austerlitz est peut-être le chef-d'œuvre du genre. Le peuple remarqua avec étonnement que cette victoire fut remportée le 2 décembre, anniversaire du couronnement. Dès lors, personne ne fut plus choqué en France de cette cérémonie ridicule.

CHAPITRE XXXIII

L'ANNÉE suivante, l'empereur vainquit la Prusse qui n'avait pas eu le courage ae se joindre à l'Autriche et à la Russie. Chose sans exemple dans l'histoire, une seule bataille anéantit une armée de deux cent mille hommes et donna tout un grand royaume au vainqueur. C'est que Napoléon savait encore mieux profiter de la victoire que vaincre. Le 16 octobre, il attaqua à Iéna, non sans quelque crainte, cette armée qui semblait soutenue par la grande ombre de Frédéric ; le 26, Napoléon entra dans Berlin[1]. A notre grand étonnement, la musique jouait l'air républicain : « Allons, enfants de la patrie. » Napoléon, pour la première fois en uniforme de général et chapeau brodé, était à cheval à vingt pas en avant de ses troupes au milieu de la foule. Rien de plus aisé que de lui tirer un coup de fusil d'une des fenêtres de l'*Inter-Linden*.

Une chose bien triste à ajouter, c'est

---

1. Iéna : 14 octobre. Entrée de Napoléon à Berlin : 27 octobre. N. D. L. E.

que la foule silencieuse ne l'accueillit par
aucun cri.

Pour la première fois, l'empereur rapporta de l'argent de ses conquêtes. Outre
l'entretien de l'armée et son équipement,
l'Autriche et la Prusse payèrent environ
cent millions chacune. L'empereur fut
sévère envers la Prusse. Il trouva les Allemands les premiers peuples du monde
pour être conquis. Cent Allemands sont
toujours à genoux devant un uniforme.
Voilà comment le minutieux despotisme
de quatre cents princes a arrangé les des-
cendants d'Arminius et de Vitiking.

Ce fut alors que Napoléon commit la
faute qui l'a précipité du trône. Rien ne
lui était plus aisé que de mettre qui il
aurait voulu sur les trônes de Prusse et
d'Autriche ; il pouvait également donner
à ces pays le gouvernement des deux Chambres et des constitutions à demi libérales.
Il abandonna le vieux principe des Jacobins de chercher des alliés contre les rois
dans le cœur de leurs sujets. Comme nouveau roi, il ménageait déjà, dans le cœur
des peuples, le respect pour le trône[1].

Les personnes qui étaient auprès de lui
savent que la voix publique lui indiquait
les princes à élever à la couronne ; c'était

1. Voir dans le *Moniteur* de 1809 les raisons qu'il donne
pour n'être pas entré dans Vienne.

beaucoup. Les peuples allemands auraient goûté de la liberté, auraient usé leurs forces à se procurer une constitution entièrement libérale, et, au bout de trois ou quatre ans, auraient eu pour lui un profond sentiment de reconnaissance. Alors plus de Tugendbund, plus de Landwehr, plus d'enthousiasme. Les nouveaux souverains, de leur côté, n'auraient pas plus eu la force que la volonté de se laisser soudoyer par l'Angleterre pour se coaliser contre la France.

CHAPITRE XXXIV

A TILSITT, Napoléon n'exigea rien de la Russie que de fermer ses ports à l'Angleterre. Il était maître de l'armée russe, car l'empereur Alexandre dit lui-même qu'il avait fini la guerre parce que les fusils lui manquaient. L'armée russe, si imposante aujourd'hui, était alors dans un état pitoyable [1]. La fortune du czar fut que l'empereur eût conçu le système continental à Berlin. Alexandre et Napoléon eurent entre eux les conversations les plus intimes et des discussions qui auraient bien étonné leurs sujets, s'ils avaient été à portée de les entendre. « Pendant les quinze jours que nous passâmes ensemble à Tilsitt, dit Napoléon, nous dînions ensemble presque chaque jour ; nous quittions la table de bonne heure pour nous délivrer du roi de Prusse qui nous ennuyait. A neuf heures, l'empereur venait chez moi en habit bourgeois prendre le thé. Nous demeurions ensemble, conver-

1. Voir le pamphlet du général Wilson publié en 1806 *.

  * Le pamphlet du général Wilson, fait remarquer M. Royer est de 1817. N. D. L. E.

sant indifféremment sur divers sujets,
jusqu'à deux ou trois heures du matin ;
en général nous parlions politique et philosophie. Il est plein d'instruction et
d'opinions libérales ; il doit tout cela au
colonel Laharpe, son instituteur. Quelquefois j'étais embarrassé pour deviner si
les sentiments qu'il exprimait étaient ses
opinions réelles ou l'effet de cette vanité
commune, en France, de se mettre en
contraste avec sa position. »

Dans un de ces tête-à-tête, les deux
empereurs discutèrent les avantages com-
paratifs de la monarchie héréditaire et de la
monarchie élective. Le despote héréditaire prit le parti de la monarchie élective,
et le soldat de fortune fut pour l'ordre
de la naissance. « Combien peu y a-t-il
à parier qu'un homme, que le hasard de
la naissance appelle au trône, aura les
talents nécessaires pour gouverner. »
— « Combien peu d'hommes, répliquait
Napoléon, ont possédé les qualités qui
donnent des droits à cette haute distinction : un César, un Alexandre, dont on
ne trouve pas un par siècle ; de manière
qu'une élection, après tout, est encore
une affaire de hasard et l'ordre successif
vaut sûrement mieux que les dés. »

Napoléon laissa le Nord avec la pleine
conviction qu'il s'était fait un ami de l'em-

pereur Alexandre, ce qui était passablement absurde ; mais c'est une belle faute ; elle est d'un genre qui confond bien ses calomniateurs. Elle prouve en même temps qu'il n'était pas fait pour la politique. Il a toujours gâté la plume à la main ce qu'il avait fait avec l'épée. A son passage à Milan, il discuta avec Melzi le système continental qui était alors et, avec raison, son objet favori. Cette idée vaut mieux que toute la vie du cardinal de Richelieu. Elle a été sur le point de réussir et toute l'Europe la reprend[1].

Melzi lui représenta que la Russie avait des matières premières et point de manufactures et qu'il n'était pas probable que le czar fût longtemps fidèle à une mesure qui choquait si évidemment les intérêts des nobles, en ce pays si terrible au souverain. A quoi Napoléon répondit qu'il comptait sur l'amitié personnelle qu'il avait inspirée à Alexandre[2]. Cette idée fit reculer l'Italien d'un pas. Napoléon venait de lui raconter une anecdote qui prouvait combien peu on pouvait compter sur le pouvoir d'Alexandre, même quand ses inclinations auraient été favorables à la France. A Tilsitt Napoléon marquait

1. Un an de constance de plus et elle réussissait.
2. On ne garantit pas tout ceci qui est littéralement traduit de l'*Edinburgh review*, n° 54.

des égards particuliers au général Bening-
sen. Alexandre le remarqua et lui en demanda la raison. « Mais franchement,
dit Napoléon, c'est pour vous faire ma
cour. Vous lui avez confié votre armée,
et c'est assez qu'il ait votre confiance pour
m'inspirer des égards et de l'amitié[1]. »

1. La suite dans l'*Edinburgh review*, n° 54, p. 486.

CHAPITRE XXXV

CAMPAGNE DE WAGRAM

Les deux empereurs du Midi et du Nord se virent à Erfurt [1]. L'Autriche comprit son danger et attaqua la France. Napoléon quitta Paris le 13 avril 1809. Le 18, il était à Ingolstadt. En cinq jours, il livre six combats et remporte six victoires ; le 10 mai, il est aux portes de Vienne. Cependant l'armée, déjà corrompue par le despotisme, ne fit pas aussi bien qu'à Austerlitz.

Si le général en chef de l'armée autrichienne avait voulu suivre un avis qui, dit-on, fut ouvert par le général Bellegarde, Napoléon pouvait être fait prisonnier pour s'être jeté imprudemment au delà du Danube, à Essling. Il fut sauvé par le maréchal Masséna. Il le fit prince, mais en même temps il prétendit l'humilier en lui donnant le nom d'une bataille perdue, en le nommant prince d'Essling. On voit déjà la petitesse d'une cour. Que

---

1. On ne sait encore rien de positif sur les détails de l'entrevue d'Erfurt.

voulez-vous que les peuples comprennent
à un tel honneur ?

L'Autriche eut une lueur de bonne politique. Elle eut recours à l'opinion et protégea la révolte du Tyrol. Le général
Chasteller se distingua assez pour que le
despote l'honorât de son impuissante
colère. Le *Moniteur* le nomme l'infâme
Chasteller ; ce général préluda en 1809
dans les montagnes du Tyrol à ce que les
sociétés de la vertu devaient faire, en
1813, aux champs de Leipzig.

De la bataille d'Essling à la victoire de
Wagram, l'armée française fut concen-
trée dans Vienne [1]. La révolte du Tyrol lui
ôtait les moyens de subsister. Elle avait
70.000 malades ou blessés. Ce fut le chef-
d'œuvre du comte Daru de la faire vivre
dans cette position, mais l'on ne parla
pas de ce tour de force, car il eût fallu
avouer le danger. Pendant cet intervalle
qui pouvait être si fatal, la Prusse n'osa
pas remuer.

Un des faits qui justifient le plus ce qui
se passe à Saint-Hélène, si rien de ce qui
est injuste pouvait jamais être justifié,
c'est la mort du libraire Palm. L'empereur
le fit assassiner près d'Iéna par un conseil
de guerre ; mais le despotisme a beau faire,

1. Du 22 mai au 6 juillet 1809.

il ne peut détruire l'imprimerie. Si on lui
en fournissait les moyens, le trône et l'autel
pourraient espérer de nouveau les heureux
jours du moyen âge.

Un étudiant d'Iéna, un volume de Schil-
ler dans sa poche, vint à Schœnbrunn pour
assassiner Napoléon. Il était en uniforme,
le bras droit en écharpe ; de ce bras il
tenait un poignard. L'étudiant se glissa
facilement parmi la foule d'officiers blessés
qui venaient demander des récompenses ;
mais il mit une insistance trop sombre
dans sa demande de parler à l'empereur
et dans son refus de s'expliquer avec le
prince de Neuchâtel qui l'interrogeait.
Le prince le fit arrêter. Il avoua tout.
Napoléon voulait le sauver et lui fit faire
cette question : « Que ferez-vous si l'on
vous rend à la liberté ? » — « Je chercherai
à recommencer. »

La bataille de Wagram fut belle :
400.000 hommes se battirent toute la
journée. Napoléon, frappé de la bravoure
des Hongrois et se souvenant de leur
esprit national, eut quelque velléité de
faire de la Hongrie un royaume indépen-
dant ; mais il craignit de négliger l'Espagne, et, d'ailleurs, il ne vit jamais toute
l'étendue de cette idée.

Ses flatteurs lui représentaient depuis
longtemps qu'il devait à sa dynastie de

choisir, parmi les familles royales de l'Europe, une femme qui pût lui donner un fils. On eut à Schœnbrunn l'idée de lui faire épouser une archiduchesse. Il en fut extrêmement flatté. Le 2 avril 1810, il reçut la main de la fille des Césars. Ce jour, le plus beau de sa vie, il fut sombre comme Néron. Il était jugulé par les bons mots des Parisiens (jamais archiduchesse n'a fait de mariage civil [si vil]) et par la résistance des cardinaux. Le 20 mars 1811, il eut un fils : Napoléon-François-Charles-Joseph. Cet événement lui attacha à jamais la nation. L'enthousiasme fut à son comble à Paris au vingt et unième coup de canon. Ce peuple, si glacé par la crainte du ridicule, applaudissait tout haut dans les rues. Dans la campagne, on parla plus que jamais de l'étoile de l'empereur. Il était revêtu de tous les prestiges de la fatalité.

Puisqu'il renonçait à être *le fils de la Révolution*, et qu'il ne voulait plus être qu'un souverain ordinaire, répudiant l'appui de la nation, il fit fort bien de s'assurer celui de la famille la plus illustre de l'Europe[1]. Quelle différence pour lui s'il se fût allié à la Russie !

1. Ironie pour 1814.

CHAPITRE XXXVI

LE soir de la bataille d'Iéna, Napoléon étant encore sur le champ de bataille, reçut une proclamation du prince de la Paix qui appelait tous les Espagnols aux armes. Napoléon sentit profondément le danger auquel il venait d'échapper ; il vit à quelles alarmes le Midi de la France serait en butte à chaque nouvelle expédition qu'il entreprendrait dans le Nord. Il résolut de ne pas laisser sur ses derrières un ami perfide, prêt à l'attaquer dès qu'il le croirait embarrassé. Il se rappela qu'à Austerlitz, il avait retrouvé le roi de Naples parmi ses ennemis, quinze jours après avoir signé la paix avec cette cour. La manière dont le prince de la Paix avait le projet d'attaquer la France, est contraire au droit des gens tel qu'il paraît adopté par les nations modernes. M. de Talleyrand ne cessait de répéter à Napoléon qu'il n'y aurait de sûreté pour sa dynastie que lorsqu'il aurait anéanti les Bourbons. Les détrôner n'était pas assez ;

mais encore fallait-il commencer par les détrôner.

La Russie approuva à Tilsitt les projets de l'empereur sur l'Espagne.

Ces projets consistaient à donner une principauté dans les Algarves à don Manuel Godoy, si connu sous le nom de prince de la Paix ; au moyen de quoi le prince, le seul auteur de la proclamation qui perdait l'Espagne, livrait à Napoléon son roi et son bienfaiteur. En vertu du traité de Fontainebleau, conclu par le prince de la Paix, l'Espagne fut inondée de troupes impériales. A la fin, ce favori, aussi puissant que ridicule, s'aperçut que Napoléon se moquait de lui ; il eut l'idée de fuir au Mexique ; le peuple voulut retenir son roi ; de là les événements d'Aranjuez qui appelèrent Ferdinand VII au trône et renversèrent le plan de Napoléon. Le 18 mars 1808, ce peuple si stupide et si brave, se souleva. Le prince de la Paix, aussi abhorré qu'il méritait de l'être, passa du pouvoir souverain dans un cachot. Un second mouvement força le roi Charles IV à abdiquer en faveur de Ferdinand VII. Napoléon fut très surpris : il avait cru avoir affaire à des Prussiens ou à des Autrichiens, et que disposer de la cour, c'était disposer du peuple. Au lieu de cela, il trouvait une nation et, à sa tête, un jeune prince

adoré d'elle et étranger en apparence à
l'avilissement qui pesait sur l'Espagne
depuis quinze années. Ce prince pouvait
avoir les faciles vertus de sa position et
allait être environné d'hommes intègres
attachés à la patrie, inaccessibles aux sé-
ductions et soutenus par un peuple inaccessible à la crainte. Tout ce que Napoléon savait du prince des Asturies, c'est
qu'en 1807 il avait osé lui écrire pour lui
demander la main d'une de ses nièces,
fille de Lucien Bonaparte.

En Espagne, après les événements
d'Aranjuez, l'enthousiasme était dans toutes
les classes. Cependant l'étranger au sein
de l'Etat commandait dans la capitale,
occupait les places fortes et se trouvait
le véritable juge entre Ferdinand VII et le
roi Charles IV, qui venait de révoquer son
abdication et d'invoquer le secours de
Napoléon.

Dans cette position unique, par un
nouveau trait de cette ineptie raisonnante
qui caractérise les ministres d'un peuple
depuis si longtemps étranger aux progrès
de l'Europe, Ferdinand VII résolut de
s'avancer au-devant de Napoléon. Le
général Savary fit deux courses en Espagne pour presser ce prince d'arriver à
Bayonne, mais jamais il ne lui offrit de
reconnaître son titre. Les conseillers du

nouveau roi, qui avaient peur des ven-
geances de Charles IV, contre lequel ils
avaient conspiré, ne voyaient de sûreté
qu'auprès de Napoléon et brûlaient d'arriver auprès de lui avec leur prince.

Ces grands événements semblent curieux de loin, mais, en s'en rapprochant,
on ne les trouve que dégoûtants. Les
ministres espagnols sont trop bêtes et les
agents français trop forts. C'est la vieille
politique stupidement perfide de Philippe II luttant contre le génie tout moderne de Napoléon [1]. Il y a deux traits
qui reposent l'âme : celui de M. Hervas,
frère de la duchesse de Frioul, qui, au
péril de plus que sa vie, arriva à Valladolid
et fit tout ce qui est humainement possible pour ouvrir les yeux à la stupide
suffisance des ministres de Ferdinand VII.
Le garde général des douanes sur la ligne
de l'Ebre, homme simple et brave, proposa
à ce prince de l'enlever avec deux mille
hommes dont il disposait : il fut sévère-
ment réprimandé. Voilà bien l'Espagne
telle qu'elle allait se montrer pendant six
ans : stupidité, bassesse et lâcheté dans
les princes ; dévouement romanesque et
héroïque de la part du peuple.

Ferdinand VII arriva à Bayonne le

1. Voir l'ouvrage de M. Escoïquiz.

20 avril au matin, et y fut reçu en roi.
Le soir, le général Savary vint lui annoncer
que Napoléon avait résolu de placer sa
propre dynastie sur le trône d'Espagne.
Napoléon exigeait en conséquence que
Ferdinand VII abdiquât en sa faveur.
Dans le même moment l'empereur avait
avec le ministre Escoïquiz cette curieuse
conversation qui développe si bien et son
caractère et toute sa politique envers
l'Espagne [1].

Le plan de Napoléon était vicieux en
ce qu'il offrait aux princes, chassés d'Espagne, l'Etrurie et le Portugal : c'était
laisser du pouvoir à des ennemis.

Ferdinand VII, victime d'un vil favori,
d'un père aveugle, d'un conseil imbécile
et d'un voisin puissant, était, dans le
fait, prisonnier à Bayonne. Comment
sortir de ce mauvais pas ? A moins de
devenir oiseau, il ne restait aucune possibilité de s'évader, tant les précautions
étaient bien prises. Chaque jour elles
redoublaient. Les remparts de la ville
étaient, jour et nuit, couverts de soldats,
les portes gardées avec le plus grand soin,
tous les visages examinés à l'entrée et à
la sortie. Des bruits de tentative d'éva-
sion se répandirent ; la surveillance acquit

1. Voir les ouvrages de MM. Escoïquiz et de Pradt dont
tout ceci n'est qu'un extrait.

une nouvelle activité. C'était une capti-
vité déclarée. Le conseil de Ferdinand
n'en refusait pas moins ferme d'accepter
l'Etrurie en échange de l'Espagne.

L'empereur était en proie aux plus
violentes agitations et même aux remords.
Il voyait l'Europe lui reprocher de retenir
prisonnier un prince qui était venu pour
conférer avec lui. Il était aussi embarrassé
à garder Ferdinand qu'à le relâcher.
Il se trouvait avoir commis un crime et
en perdre le fruit. Il disait et avec grande
vérité et énergie aux ministres espagnols :
« Vous devriez adopter des idées plus
libérales, être moins susceptibles sur le
point d'honneur, et ne pas sacrifier la
prospérité de l'Espagne aux intérêts de
la famille de Bourbon. »

Mais les ministres qui avaient conduit
Ferdinand VII à Bayonne, n'étaient pas
faits pour concevoir des idées d'un tel
ordre. Comparez l'Espagne telle qu'elle
est depuis quatre ans, contente dans son
abjection et l'objet du mépris ou de l'horreur des autres peuples, avec l'Espagne
munie des deux chambres et de Joseph
pour roi constitutionnel, et pour roi
d'autant meilleur que, comme Bernadotte,
il n'a pour lui que son mérite, et, qu'à la première injustice ou sottise, on peut le mettre
à la porte et appeler le souverain légitime.

Jamais la tête de Napoléon ne fut dans une activité plus étonnante. A chaque moment, il arrivait à une nouvelle idée qu'il envoyait proposer aussitôt aux ministres espagnols. Ce n'est pas dans un tel état d'angoisse qu'un homme peut feindre : on put voir à fond dans l'âme et dans la tête de l'empereur. Il avait l'âme d'un soldat généreux, mais une pauvre tête en politique. Les ministres espagnols refusant tout avec l'indignation de la générosité, jouaient le beau rôle. Ils partaient toujours du principe que Ferdinand n'avait aucun droit de disposer de l'Espagne sans le consentement de la nation [1]. Leurs refus réduisaient Napoléon au désespoir. C'était la première grande opposition qu'il éprouvait, et dans quelles circonstances ! Il se trouvait que l'absurde conseil d'Espagne faisait, par aveuglement, l'acte le plus éclairé et le plus embarrassant pour son adversaire. Dans cette anxiété mortelle, l'esprit de Napoléon se portait à la fois sur toutes sortes d'idées, sur toutes sortes de projets. Plusieurs fois par jour, il faisait appeler ses négociateurs ; il les envoyait aux ministres espagnols ; toujours même réponse : des plaintes et des refus ! Au retour de ses

1. Principe jacobin repoussé par le congrès de Vienne.

ministres, Napoléon parcourait avec eux avec la rapidité ordinaire de son imagination et de son élocution toutes les faces de cette question. Quand on lui disait qu'il n'y avait pas moyen d'engager le prince des Asturies à échanger les monarchies d'Espagne et d'Amérique contre le petit royaume d'Etrurie, qu'après s'être vu enlever le premier trône, la possession du second devait lui sembler bien précaire. « Eh bien, qu'il me déclare la guerre ! »

Un homme capable d'une sortie aussi singulière, n'est pas un Philippe II, comme on voudrait nous le faire croire. Il y a de l'honneur et beaucoup d'honneur dans une telle objection. Il y avait aussi beaucoup de sagesse.

On la retrouve dans la conversation imprimée par M. Escoïquiz. « Au reste si mes propositions ne conviennent pas à votre prince, il peut, s'il le veut, retourner dans ses Etats ; mais, avant tout, nous fixerons ensemble un terme pour ce retour ; après quoi, les hostilités commenceront entre nous. »

Un des négociateurs employés par Napoléon, prétend lui avoir fait des objections sur la nature même de son entreprise : « Oui, dit-il, je sens que ce que je fais n'est pas bien, mais qu'ils me déclarent donc la guerre ! »

L'empereur disait à ses ministres :
« Il faut que je juge cette entreprise bien
nécessaire à ma tranquillité, car j'ai bien
besoin de marine et ceci va me coûter les
six vaisseaux que j'ai à Cadix. »

D'autres fois : « Si ceci devait me coûter
80 mille hommes, je ne le ferais pas ;
mais il n'en faudra pas 12 mille ; c'est un
enfantillage. Ces gens-ci ne savent pas ce
que c'est qu'une troupe française. Les
Prussiens étaient comme eux et on a vu
comment ils s'en sont trouvés. »

Cependant, après huit jours de mortelles
angoisses la négociation n'avançait pas.
Il fallait sortir de là ; Napoléon n'était
pas accoutumé à la résistance ; c'était
un esprit gâté par une suite inouïe de
succès et par le despotisme ; il pouvait
devenir féroce par embarras. Un jour,
dit-on, le mot de château-fort lui échappa.
Le lendemain, il en demanda pardon à
son ministre : « Il ne faut pas vous forma-
liser de ce que vous avez entendu hier ;
sûrement je ne l'aurais pas fait. »

Napoléon voyant qu'il n'y avait rien à espérer du prince des Asturies, eut l'excellente idée de lui chercher querelle sur la validité de l'abdication de Charles IV. Cette abdication avait été évidemment forcée ; elle avait été rétractée.

Le prince de la Paix fut tiré de sa prison à Madrid et arriva le 26 avril à Bayonne. Le 1er mai arrivèrent les *vieux souverains*, comme les appelaient les Espagnols. Cette vue fit beaucoup d'impression. Ils étaient malheureux, et une longue étiquette, longtemps préservée, joue le caractère aux yeux du vulgaire.

Aussitôt que le roi et la reine d'Espagne furent entrés dans leurs appartements, les Français virent tous les Espagnols qui se trouvaient à Bayonne, le prince Ferdinand à leur tête, faire la cérémonie du baisement de main qui consiste à se mettre à genoux et à baiser la main du roi et de la reine. Les spectateurs qui avaient lu le matin, dans la *Gazette de Bayonne*, les pièces relatives aux événements d'Aranjuez et la protestation du roi, et qui voyaient cet infortuné monarque recevoir ainsi l'hommage de ces mêmes hommes qui avaient ourdi la conspiration du mois de mars, furent révoltés de tant de duplicité et cherchèrent en vain l'honneur castillan. Les Français eurent l'imprudence de juger la nation espagnole par les hautes classes de la société, qui, quant aux sentiments, sont les mêmes partout.

Après la cérémonie, le prince des Asturies voulut suivre les vieux souverains dans leurs appartements intérieurs. Le roi l'arrêta en lui disant en espagnol : « Prince, n'avez-vous pas assez outragé mes cheveux blancs ? » Ces mots parurent produire sur un fils rebelle l'effet d'un coup de foudre [1].

1. *Moniteur*, 6 mai 1808.

CHAPITRE XXXVIII

Le roi et la reine firent à Napoléon le récit des outrages auxquels ils avaient été en butte. « Vous ne savez pas, disaient-ils, ce que c'est que d'avoir à se plaindre d'un fils. » Ils parlaient aussi du mépris que leur inspiraient les gardes du corps, ces lâches qui les avaient trahis.

Les négociateurs français firent comprendre facilement au prince de la Paix qu'il n'était plus question de continuer son règne en Espagne.

Dès la veille de l'arrivée du roi Charles IV, Napoléon avait fait appeler M. Escoïquiz et l'avait chargé de signifier au prince des Asturies que toute négociation avec lui était rompue et qu'à l'avenir, il ne traiterait plus qu'avec le roi d'Espagne.

Or il était maître absolu des volontés du roi d'Espagne par le prince de la Paix. Les Anglais ont beaucoup dit qu'il y eut de la violence, des conspirations ; la vérité est qu'il n'y eut ni comploteurs ni conspirateurs, mais seulement, comme à l'ordinaire, des imbéciles conduits et dupés par des fripons. Comme à l'ordinaire aussi, ur souverain étranger provoqué de la manière la plus contraire au droit des gens, profita de tout cela.

CHAPITRE XXXIX

PENDANT qu'à Bayonne, le roi Charles IV ordonnait à son fils Ferdinand VII de lui rendre sa couronne, le peuple de Madrid, effarouché d'événements si étranges et qui d'ailleurs insultaient toute la nation dans la personne des souverains, se souleva le 2 mai. Il périt environ 150 habitants et 500 soldats français. Cette nouvelle arriva très exagérée en France le 5 mai. Charles IV fit appeler son fils. Le roi, la reine et Napoléon étaient assis. Le prince, resté debout, fut accablé des plus sales injures. Napoléon dégoûté dit : « Je sors d'une scène de crocheteurs. » Le prince intimidé donna sa renonciation formelle et définitive.

Le même jour, 5 mai 1808, eut lieu la cession par le roi Charles à Napoléon de tous ses droits sur l'Espagne.

Le prince des Asturies céda aussi à Napoléon tous ses droits à l'Espagne, mais ce ne fut, dit-on, qu'après avoir été plusieurs fois menacé de mort par le roi son père. Il y avait l'exemple de don Carlos, et, d'ailleurs, le prince, ayant

évidemment conspiré contre son père et
son roi, le jury le plus intègre du monde
l'eût condamné à mort.

On accuse Napoléon d'avoir été jusqu'à
lui dire : « Prince, il faut opter entre la
cession ou la mort [1]. » Il faut voir comment
l'on prouvera ce propos à la postérité.

Les Bourbons d'Espagne allèrent habiter
diverses villes ; partout et à toute occasion, le roi Charles fit des protestations
d'attachement et de fidélité envers son
auguste allié. Personne n'a encore accusé
Napoléon de l'avoir menacé. Quant à
Ferdinand VII, il alla habiter la belle
terre de Valençay.

Ici finissent ce qu'on appelle les perfidies de Napoléon. L'Europe ne pouvant
concevoir la pusillanimité de ses ennemis,
lui a imputé leur imbécillité à crime.

Il a envoyé le général Savary au prince
des Asturies pour le presser d'arriver,
mais il ne lui a jamais promis de le reconnaître pour roi [2]. Le prince est venu
à Bayonne parce qu'il a constamment
cru qu'il était de son intérêt d'y venir.
Il croyait, et peut-être avec raison,

---

1. Cevalhos, p. 52.
2. « Quoique vos représentants aient sans cesse refusé
de le reconnaître comme légitime souverain. » (Conversation de Escoïquiz.)

que Napoléon seul pouvait le sauver de
son père et du prince de la Paix.

Un ministre espagnol, M. d'Urquijo,
rencontra à Vittoria, le 13 avril 1808,
le jeune roi et son cortège qui marchaient
vers Bayonne. Il écrivit le même jour au
capitaine général La Cuesta : « ... Je leur
dis (aux ministres de Ferdinand VII)
qu'il ne s'agissait pour Napoléon que
d'abolir la dynastie des Bourbon
en Espagne en imitant l'exemple de
Louis XIV et d'établir celle de France...
L'Infantado, qui sent le poids de mes
réflexions, me répondit : « Serait-il possible
qu'un héros tel que Napoléon fût capable
de se souiller d'une telle action, quand le
roi se met entre ses mains de la meilleure
foi possible ? » — « Lisez Plutarque, lui
dis-je, et vous trouverez que tous ces
héros de la Grèce et de Rome n'acquirent
leur gloire qu'en montant sur des milliers
de cadavres, mais l'on oublie tout cela
et l'on voit le résultat avec respect et
étonnement. »

« J'ajoutai qu'il devait se rappeler des
couronnes que Charles-Quint avait enle-
vées, des cruautés qu'il avait exercées
envers les souverains et envers les peuples, et que, malgré tout cela, il était
compté parmi les héros ; qu'il ne devait
pas oublier non plus que nous en avions

fait autant avec les empereurs et rois
des Indes..., qu'il pouvait appliquer cela
à l'origine de toutes les dynasties de
l'univers, que, dans notre Espagne ancienne, on trouvait des assassinats de rois
par des usurpateurs qui s'étaient ensuite
assis sur le trône ; que, dans les siècles
postérieurs, nous avions l'assassinat commis par le bâtard Enrique II et l'exclu-
sion de la famille de Henri IV, que les
dynasties d'Autriche et des Bourbons
dérivaient de cet inceste ainsi que de
ces crimes... Je dis que le langage du
Moniteur me faisait voir que Napoléon
ne reconnaissait pas Ferdinand comme
roi, qu'il disait que l'abdication de son
père, faite au milieu des armes et d'un
tumulte populaire était nulle, que Charles IV lui-même l'avouerait, que, sans
parler de ce qui était arrivé au roi de
Castille, Jean Ier, il y avait deux exemples
d'abdication dans la dynastie plus moderne des Autrichiens et des Bourbons,
l'une faite par Charles-Quint, l'autre
faite par Philippe V, et que, dans ces
deux abdications, on avait procédé avec
le plus grand calme, la plus sage délibération et même avec le concours de
ceux qui représentaient la nation[1]. »

1. Fidèlement extrait du livre de M. Escoïquiz. L'on ne cite
ici que des ouvrages publiés par des ennemis de l'empereur.

Dans la conversation avec M. Escoïquiz qui, jusqu'ici, est la pièce la plus
curieuse de ce procès et la plus authen-
tique parce qu'elle est publiée par un
ennemi, Napoléon dit fort bien : « Mais
enfin la suprême loi des souverains, qui
est celle du bien de leurs Etats, me met
dans l'obligation de faire ce que je fais. »

Il faut remarquer, au grand étonnement
des sots, qu'un souverain qui n'est qu'un
procureur fondé ne peut jamais user de
générosité, faire des dons gratuits. Nous
retrouverons cette question en Italie où
l'on voudrait que Napoléon, en opposition à ce qu'il croyait les intérêts de la
France, eût fait cadeau aux Italiens
d'une indépendance complète.

Napoléon, attaqué à l'improviste par
l'Espagne, au moment où elle le croyait
embarrassé avec la Prusse, devait faire
de l'Espagne, à Bayonne, ce qu'il croyait
le plus utile à la France. S'il avait été
battu à Iéna, les Espagnols, commandés
par les Lascy et les Porlier, ne pouvaient-
ils pas venir à Toulouse et à Bordeaux,
tandis que les Prussiens auraient été à
Strasbourg et à Metz ?

La postérité décidera si c'est un crime
dans le *procureur fondé* d'une nation de
profiter de l'extrême bêtise de ses ennemis.
Je crois qu'au contraire de notre siècle,

la postérité sera plus touchée du tort
fait à l'Espagne que du tort fait à ses
prétendus maîtres. Il y a l'exemple de
la Norvège.

Les libellistes accusent Napoléon de
trop mépriser les hommes. Ici nous le
voyons commettre une grande faute parce
qu'il a trop d'estime pour les Espagnols.
Il oublie que les fiers Castillans avilis
d'abord par Charles-Quint, sont gouvernés,
depuis ce célèbre empereur, par le plus
lâche de tous les despotismes.

M. d'Urquijo dit dans sa lettre au
général La Cuesta : « Par malheur depuis
Charles-Quint, la nation n'existe plus,
parce qu'il n'y a point réellement de
corps qui la représente, ni d'intérêt commun qui la réunisse vers un même but.
Notre Espagne est un édifice gothique
composé de pièces et de morceaux avec
presque autant de privilèges, de légis-
lations, de coutumes et d'intérêts qu'il
y a de provinces. L'esprit public n'existe
point. »

Depuis quinze ans, la monarchie d'Espagne avait atteint un degré de ridicule
inouï dans les annales des cours les plus
avilies. L'aristocratie des nobles et des
prêtres, qui seule peut faire le brillant de
la monarchie, s'y laissait bafouer comme

à plaisir. Un mari, un roi donne successivement à l'amant de sa femme :

1º Le commandement suprême de toutes
les forces de terre et de mer ;

2º La nomination à presque tous les
emplois de l'Etat ;

3º Le droit de faire par lui-même la
paix et la guerre [1].

Si ce favori avait été un Richelieu,
un Pombal, un Ximenès, un scélérat
habile, on concevrait les Espagnols ; mais
il se trouva que c'était le plus stupide
coquin de l'Europe. Ce peuple, qu'on
prétend si fier, se voyait gouverné despo-
tiquement par l'objet de ses mépris. Mais,
mettons à part toute fierté ; que de
malheurs généraux et particuliers ne
devait pas amener un gouvernement
aussi infâme ! Notre aristocratie de France,
avant 1789, devait être une république
en comparaison de l'Espagne. Et cependant l'Espagne refusa une constitution
libérale, et, ce qui est bien plus encore,
une constitution garantie par le voisinage du souverain légitime et détrôné !

Il faut déjà être parvenu bien avant
dans la vie et avoir pour les hommes
presque autant de mépris qu'ils en méri
tent pour concevoir une telle conduite.

1. Conversation publiée par Escoïquiz.

Napoléon, qui avait vécu en Corse et
en France au milieu de nations pleines
d'énergie et de finesse, fut à l'égard des
Espagnols la dupe de son cœur.

L'Espagne, de son côté, manqua une
occasion que la suite des siècles ne lui
représentera plus. Chaque puissance a un
intérêt (mal entendu il est vrai) à voir ses
voisins dans un état de faiblesse et de
décadence. Ici, par un hasard unique,
l'intérêt de la France et de la péninsule
pour un moment se trouva le même.
L'Espagne avait l'exemple de l'Italie
que Napoléon avait élevée. Quoique la
nation espagnole soit très contente sur
son fumier, peut-être d'ici à deux cents
ans parviendra-t-elle à arracher une constitution, mais une constitution sans autre
garantie que cette vieille absurdité qu'on
appelle des serments, et Dieu sait encore
par quels flots de sang il faudra l'acheter !
Au lieu qu'en acceptant Joseph pour
roi, les Espagnols avaient un homme
doux, plein de lumières, sans ambition,
fait exprès pour être roi constitutionnel,
et ils avançaient de trois siècles le bonheur
de leur pays.

CHAPITRE XL

Supposons que Ferdinand VII se soit livré à l'empereur, comme Napoléon s'est livré aux Anglais à Rochefort. Le prince espagnol refuse le royaume d'Etrurie ; il est conduit à Valençay, séjour agréable et sain, et Napoléon, qui en avait appelé à la générosité si vantée du peuple anglais, est confiné sur un rocher où, par des moyens indirects et en évitant l'odieux du poison, on cherche à le faire périr. Je ne dirai pas que la nation anglaise est plus vile qu'une autre ; je dirai seulement que le ciel lui a donné une malheureuse occasion de montrer qu'elle était vile. Quelles réclamations en effet se sont élevées contre ce grand crime ? Quel généreux transport de tout le peuple, à l'ouïe de cette infamie, a désavoué son gouvernement aux yeux des nations ? O Sainte Hélène, roc désormais si célèbre, tu es l'écueil de la gloire anglaise ! L'Angleterre, s'élevant par une trompeuse hypocrisie au-dessus des nations, osait parler de ses vertus ; cette grande action l'a démasquée ; qu'elle ne parle plus que de ses victoires tant qu'elle en aura encore. Cependant l'Europe est muette et elle accuse Napoléon ou, du moins, elle semble écouter ses accusateurs. Je ne puis dire ma pensée. O hommes lâches et envieux, peut-on s'abandonner à trop de mépris envers vous, et lorsqu'on ne parvient à être votre maître, ne fait-on pas très bien de s'amuser de vous comme d'un vil gibier [1]?

1. Voir la lettre du général Bertrand à sir Hudson Lowe. Pièces relatives au prisonnier de Sainte-Hélène, Londres, 1818. Voir l'hypocrite discours de lord Bathurst, les lettres du médecin O'Méara.

CHAPITRE XLI

Terminons en peu de mots ces dégoûtantes affaires d'Espagne.

Dans la conversation de Bayonne, Escoïquiz dit à Napoléon : « Le peuple désarmé de Madrid croyait être assez fort pour détruire l'armée française et défendre Ferdinand. Ce fut au point que l'on aurait trouvé des obstacles invincibles au cas que l'on eût voulu employer le moyen unique de mettre Ferdinand en liberté.

Napoléon. — Quel était donc ce moyen, chanoine ?

Escoïquiz. — Celui de faire secrètement prendre la fuite au roi.

Napoléon. — Et dans quelle partie du monde l'auriez-vous transporté ?

Escoïquiz. — A Algésiras où nous avions déjà quelques troupes et où nous eussions été dans le voisinage de Gibraltar.

Napoléon. — Qu'auriez-vous fait après ?

Escoïquiz. — Toujours invariables dans notre maxime de conserver avec Votre Majesté une alliance intime, mais en même temps honorable, nous lui aurions proposé péremptoirement de la continuer, sous la condition que nos places frontières nous seraient rendues sans délai et que les troupes françaises sortiraient de l'Espagne ; et dans le cas où Votre Majesté se serait refusée à souscrire à ces propositions, nous lui aurions fait la guerre de toutes nos forces jusqu'à la dernière extrémité. Telle eût été mon opinion, Sire, dans le cas où nous aurions eu connaissance d'une manière ou d'autre de vos véritables intentions !

NAPOLÉON. — Vous pensez très bien ; c'est là tout ce que vous auriez eu de mieux à faire. »

Des esprits peu éclairés s'écrieront : « Vous nous vantez Napoléon à l'égard de l'Espagne, comme s'il eût été un Washington. »

Je réponds : « L'Espagne rencontra le hasard le plus heureux qui puisse se présenter à un pays profondément corrompu et, par conséquent, hors d'état de se donner la liberté à lui-même. Donner à l'Espagne de 1808 le gouvernement des Etats-Unis aurait semblé aux Espagnols, qui sont les plus insouciants des hommes, la plus dure et la plus pénible tyrannie. L'expérience, que Joseph et Joachim ont faite à Naples, éclaircit la question ; ils ont été rois avec presque tous les ridicules du métier, mais

ils ont été modérés et raisonnables. Cela
a suffi pour avancer rapidement, dans ces
pays, le bonheur et la justice et pour commencer à y mettre le travail en honneur.
Remarquez que la sensation pénible, qu'un
individu éprouve à rompre des habitudes
vicieuses, est également ressentie par un
peuple. La liberté demande qu'on s'en
occupe durant les premières années. Cette
gêne masque, aux yeux des sots, le bonheur qui doit résulter des nouvelles institutions.

Ainsi pour l'Espagne, Napoléon était
meilleur que Washingtor ; ce qui lui manquait en libéralité, il l'avait en énergie.
Il y a un fait qui est palpable, même à
l'égard des gens pour qui les choses morales sont invisibles : la population de
l'Espagne qui n'était que de huit millions
quand Philippe II y entra, a été portée à
douze par le peu de bon sens français que
les rois de cette nation y ont introduit. Or
l'Espagne plus grande que la France devrait
être plus fertile à cause de son soleil ; elle
a presque tous les avantages d'une île.
Quelle est donc la puissance secrète qui
empêche la naissance de quatorze millions
d'hommes ? On répondra : « C'est le
manque de culture des terres. » Je répli-
querai à mon tour : « Quel est le venin
caché qui empêche la culture des terres ? »

Après la cession de l'Espagne par les princes de la dynastie que la guerre y avait placés 90 ans plus tôt, Napoléon voulait réunir une assemblée, faire reconnaître ses droits par elle, établir une constitution, et, au moyen du poids et du prestige de sa puissance, donner le mouvement à la nouvelle machine. L'Espagne était peut-être le pays d'Europe où Napoléon était le plus admiré. Comparez ce système de conduite à celui de Louis XIV en 1713 ; voyez surtout les correspondances des gens subalternes des deux époques, ministres, maréchaux, généraux, etc... [1], vous reconnaîtrez que l'envie est la principale source du succès de Mme de Staël et des libellistes actuels et des dangers et des ridicules que l'ignoble vulgaire prodigue aux défenseurs du prisonnier de Sainte-Hélène.

Pour faire dériver le droit du nouveau roi des droits du peuple, Napoléon voulut former à Bayonne une *convention* de cent cinquante membres pris dans les divers corps de la monarchie. La plupart des députés furent nommés par les provinces, les villes et les corporations ; les autres furent désignés par le général français qui commandait à Madrid (le grand-duc de

1. Saint-Simon, le marquis de Saint-Philippe, *Mémoires* du maréchal de...

Berg, Murat). Dans tout cela, ainsi qu'il arrive dans toutes les révolutions, rien ne fut complètement légal, car les habitudes politiques d'un peuple, qu'on appelle encore sa constitution, pourraient-elles donner des règles pour un changement ? Cela implique contradiction. Tout se ressentait du trouble et de la rapidité des circonstances, mais, en tout, on était fidèle aux vrais principes. Par exemple, qui pouvait avoir le droit de nommer les députés de l'Amérique ? On prit ce que l'on trouva de plus apparent parmi les Américains en résidence à Madrid, et les choix se trouvèrent excellents. Ces gens-là étaient moins écrasés de préjugés que les Espagnols.

Le 15 juin 1808, la junte ouvrit ses séances ; elle comptait 75 membres qui s'élevèrent ensuite à 90. Cette assemblée avait été précédée d'un décret de Napoléon qui déclarait que sur la représentation des principales autorités de l'Espagne il s'était décidé, pour mettre un terme à l'interrègne, à proclamer son frère Joseph roi des Espagnes et des Indes en garantissant l'indépendance de la monarchie et son intégrité dans les quatre parties du monde [1]. Joseph arriva à Bayonne le 7 juin ; il

---

1. *Moniteur* du 18 juin 1808.

quitta avec peine la vie voluptueuse qu'il s'était faite à Naples. Brave comme Philippe V, il n'était pas plus général que ce prince.

Les députés réunis à Bayonne reconnurent Joseph le 7 juin au soir. Le discours du duc de l'Infantado n'exprimant pas une reconnaissance formelle, Napoléon s'écria : « Il ne faut pas tergiverser, Monsieur ; reconnaître franchement, ou refuser de même. Il faut être grand dans le crime comme dans la vertu. Voulez-vous retourner en Espagne, vous mettre à la tête des insurgés ? Je vous donne ma parole de vous y faire remettre en sûreté ; mais, je vous le dis, vous en ferez tant, que vous vous ferez fusiller, dans huit jours... non, dans vingt-quatre heures [1]. »

Napoléon avait trop d'esprit et de générosité pour exécuter cette menace. Dans le langage de l'armée française, on appelle cela : *emporter son homme par la blague*, ce qui veut dire éblouir un caractère faible.

Après douze séances, la convention termina ses travaux le 7 juillet. Elle avait rédigé une constitution pour l'Espagne. Le projet en avait été adressé, de Bayonne, à la junte du gouvernement de Madrid.

---

1. Voir le discours du duc de l'Infantado, *Moniteur* du 18 juin. Les héros castillans, auteurs de M. le duc, auraient eu quelque peine à s'y reconnaître.

Renvoyé à Bayonne, cet acte fut porté à un nombre d'articles beaucoup plus considérable, car de quatre-vingts qu'il avait à Madrid, on arriva à cent cinquante.

D'abord, conformément aux principes, l'on voit ici la convention chargée de faire la constitution, absolument séparée du corps qui gouverne. Le manque de cette précaution a perdu la France en 1792.

Les membres de la convention de Bayonne n'avaient nul goût pour le martyre, comme on l'a vu par leurs discours au roi Joseph ; ils procédèrent cependant avec une délicatesse qui semble annoncer beaucoup de liberté. Ne se regardant plus comme compétents pour prononcer l'expulsion d'une dynastie et l'appel d'une autre, ils ne parlèrent pas de cet objet essentiel.

Les députés s'accordent à reconnaître qu'on ne mit aucune entrave à la liberté de leurs délibérations. L'opiniâtreté, avec laquelle les grands d'Espagne défendirent le droit si illibéral de former de grands majorats, montre à quel point ils croyaient à la stabilité du nouvel ordre de choses. On y discuta vivement sur la tolérance religieuse, mot si singulier en Espagne, et sur l'établissement du jury.

Quelle fut pendant ces discussions la conduite du despote ? Il n'eut pas l'air de méconnaître un instant l'insuffisance de cette représentation pour sanctionner un si grand changement. Il partait toujours du principe que l'*acceptation de la nation* suppléerait aux formalités que les circonstances ne permettaient pas de remplir.

La partie de la constitution qui concernait l'Amérique était assez libérale et propre à retenir encore quelque temps l'essor que cette belle partie du monde a pris depuis vers l'indépendance. Ces articles de la constitution avaient été faits par un jeune chanoine de Mexico nommé El Moral, homme plein d'esprit, de connaissances et d'amour de son pays. En général, ce qu'il y a de bon en Espagne est excellent, mais chez aucun peuple, les gens éclairés ne sont en plus petite proportion. Plus le corps de la nation est en arrière du siècle, plus on trouve de supériorité et de vraie grandeur dans les quinze ou vingt mille patriotes isolés au milieu de la canaille et dont la gloire et les infortunes remplissent l'Europe. Je ne rencontre jamais une de ces nobles victimes sans m'étonner de l'effort prodigieux qu'a dû faire cette tête pour s'élancer au delà de l'insouciance et des fausses vertus [1] qui

----

1. Le mécanisme de la fausse morale, fruit du papisme, est très bien développé dans le tome XVI de l'histoire d'Italie de M. de Sismondi.

ont tourné l'indomptable courage du reste
du peuple à son propre détriment. Les
Auguste Arguelles, les El Moral, les Porlier, les Llorente montrent à l'Europe ce
que sera l'Espagne dix ans après qu'elle
aura arraché à ses rois le gouvernement
des deux chambres et la fin de l'Inquisi-
tion.

Joseph et la convention quittèrent
Bayonne le 7 juillet. Si l'on n'avait jugé
ce qui venait de se passer que par le cortège qui l'entourait, on n'aurait jamais
soupçonné le changement étonnant qui
venait de s'opérer. Il apparaissait aux
Espagnols au milieu des ministres et des
officiers qui avaient servi leurs anciens
maîtres. De tout ce qui avait existé à la
cour des Bourbons, il n'y avait de changé
que le roi. Qu'on dise après cela que l'appui
des rois est dans leur noblesse ! La noblesse au contraire est ce qui rend la
royauté odieuse.

Joseph arrivait dans un pays peuplé
de moins de douze millions d'habitants
dont l'armée avait été soigneusement
déconsidérée, écartée, reléguée dans des
parties éloignées de la monarchie. Ce pays
languissait depuis cent cinquante ans sous
un gouvernement haï et bien plus encore
méprisé. Les finances conduites avec la
même ineptie que tout le reste et, de plus,

gaspillées, étaient dans le dernier désordre ; et comment les rétablir chez une nation où le travail est déshonoré ? Le peuple avait senti de lui-même, dans les provinces les plus éclairées, qu'il fallait changer de roi et il avait tourné les yeux vers l'archiduc Charles [1]. Heureuses les Espagnes si elles eussent suivi cette idée ! Elles goûteraient maintenant le bonheur que donne toujours une administration sage et honnête et une politique extérieure qui n'a rien de romanesque. Qu'il y a loin de son état à celui des sujets de la maison d'Autriche !

Joseph partageait l'erreur de son frère ; il ne méprisait pas assez la canaille humaine. Il croyait que donner aux Espagnols l'égalité et toute la liberté qu'ils pouvaient concevoir, c'était s'en faire des amis. Loin de là, les Espagnols furent piqués de ce que les 80.000 hommes qu'on fit pénétrer en Espagne n'étaient pas des troupes d'élite ; ils virent là une marque de mépris. Dès lors, tout fut perdu. Comment prendre, en effet, un peuple ignorant, fanatique, sobre au milieu de l'abondance, tirant de ses privations autant de vanité que les autres en tirent de leur jouissance ? L'Espagnol n'est pas cupide, même cette source d'activité lui manque ; il est thé-

1. *Moniteur* du 22 juin 1808.

sauriseur, sans être avare ; il ne veut pas
avoir de l'or comme l'avare, mais il ne
sait que faire de sa fortune; il passe sa vie,
oisif et triste, en songeant à son orgueil,
au fond d'un appartement superbe. Sang,
mœurs, langage, manière de vivre et de
combattre, en Espagne tout est africain.
Si l'Espagnol était mahométan il serait un
Africain complet. Consumé des mêmes feux,
voué à la même retraite, à la même so-
briété, au même goût de méditations et
de silence ; féroce et généreux à la fois,
hospitalier et inexorable ; paresseux et
infatigable le jour où il se met en mouvement, l'Espagnol, brûlé par son soleil
et sa superstition, offre tous les phéno-
mènes du tempérament bilieux porté à
l'extrême. D'ailleurs, comme le peuple
hébreu, ne sortant jamais de chez lui, et
restant étranger par préjugé national aux
nations qui l'entourent. Toutes les courses
de l'Espagnol se bornaient à l'Amérique où
il trouvait un despotisme plus avilissant
encore que celui de la péninsule. L'Espagnol ne paraît pas en Europe ; jamais de
déserteur, d'artiste, de négociant espagnols. Il est peu connu et, de son côté, il ne
cherche pas à connaître. L'Espagnol n'a
qu'une qualité : il sait admirer.

A Bayonne, on fut généralement frappé
du défaut de connaissances que les per-

sonnés attachées à la cour d'Espagne
montrèrent sur l'état de la France ;
hommes et choses, ils ignoraient tout. Ils
avaient pour les généraux les plus célèbres
de l'armée française, cette curiosité de
sauvages.

L'Espagnol comme le Turc, auquel il
ressemble si fort par la religion, ne sort
pas de son pays pour aller porter la guerre
chez les autres, mais aussi dès que l'on
met le pied chez lui, on a tout le monde
pour ennemi. La nation ne pense pas,
comme en Allemagne, que c'est l'affaire
des troupes de la défendre.

On a tant d'orgueil national, on est si
patriote en Espagne que même les prêtres
le sont. Aujourd'hui, la moitié des généraux
qui se battent en Amérique pour la liberté,
se sont élevés de la classe des curés. C'est
une ressemblance de plus avec les Turcs.

La physionomie du clergé est peut-être
le trait qui sépare le plus l'Espagne du
reste de l'Europe.

Le clergé *réside* en Espagne ; de plus,
c'est le seul grand propriétaire qui vive au
milieu des peuples. Le reste habite Madrid
ou les capitales de province ; de là, l'ancien proverbe pour marquer une chose
impossible : *faire des châteaux en Espagne.*
Ce séjour perpétuel des prêtres au milieu
des peuples, cette restitution habituelle

faite aux lieux mêmes des fruits qu'on a tirés, doivent donner une influence à laquelle les absents, les nobles ne peuvent avoir part. Si l'Espagnol écoute son prêtre comme son supérieur en lumières, il l'aime comme un égal en amour de la patrie. Les prêtres abhorrent les principes libéraux ; on ne peut guère prévoir comment l'Espagne sortira de là. C'est un cercle vicieux ; peut-être est-elle destinée à donner aux générations futures l'utile et nécessaire spectacle d'une monarchie complète [1].

L'Espagne était en feu depuis six mois, que Napoléon croyait encore que les bienfaits du gouvernement représentatif allaient lui gagner tous les cœurs. Il savait que, de tous les peuples de l'Europe, c'était celui qui avait porté le plus loin l'admiration pour ses hauts faits. L'Italien et Espagnol, n'ayant rien de frivole dans le caractère, étant pétris de passion et de méfiance, sont meilleurs juges de la grandeur dans les chefs des nations.

Si Bonaparte eût fait pendre le prince de la Paix, renvoyé Ferdinand VII en Espagne avec la constitution de Bayonne, une de ses nièces pour femme, une gar-

---

1. Le despotisme tempéré par l'aristocratie des nobles et celle des prêtres, c'est-à-dire trois pouvoirs conjurés contre le citoyen utile et producteur et le pillant à l'envi.

nison de 80.000 hommes et un homme d'esprit pour ambassadeur, il tirait de l'Espagne tous les vaisseaux et tous les soldats qu'elle pouvait fournir. Qui peut assigner le degré d'adoration auquel se serait abandonné un peuple, chez lequel la louange devient un hymne et l'admiration une extase ?

Il est hors de doute que Napoléon fut séduit par l'exemple de Louis XIV. Une fois provoqué à Iéna, il voulut faire autant que le grand roi. Il changea de roi précisément chez la seule nation à laquelle cette mesure ne convint pas. Les menaces, sans cesse renouvelées, de M. de Talleyrand, eurent aussi beaucoup de part à sa résolution.

Au moment où Joseph entrait en Espagne et où Napoléon retournait triomphant à Paris avec ses remords et ses fausses idées, l'Espagne était déjà soulevée. Tandis que le conseil de Castille ordonnait une levée de 300.000 hommes, un grand nombre de communes se soulevaient d'elles-mêmes. Il n'y eut pas de village qui n'eût sa junte. L'Espagne offrit tout à coup un spectacle semblable à celui de la France, lorsqu'en 1793, elle était couverte de corps délibérants sur les dangers de la patrie. A Séville, à Badajoz, à Oviedo le soulèvement eut lieu à la nouvelle des événements de Madrid, le 2 mai. Toutes les Asturies entrèrent en insurrection en apprenant le changement de dynastie. La populace commença par une suite horrible d'attentats contre tous ceux que, dans sa fureur, elle jugeait partisans des Français ou tièdes dans la cause de la patrie. Les plus grands personnages furent mis à mort ; il en résulta une *terreur* universelle et la nécessité pour tous ceux qui gouvernaient d'exécuter franchement la volonté du peuple. Par la *terreur*, l'Espagne eut des armées.

Dès qu'une armée était battue, elle pendait son général. Les Espagnols étaient un peuple religieux et brave, mais non pas militaire. Ils avaient au contraire des habitudes de détester ou de mépriser tout ce qui tenait aux troupes de ligne. C'est un contraste parfait avec l'Allemagne. Ils considérèrent la guerre comme une croisade religieuse contre les Français. Un ruban rouge avec cette inscription : *Vincer o morir pro patria et pro Ferdinando VII*, était la seule distinction militaire de la plupart des soldats.

La première bataille entre ces fanatiques et les Français laissa vingt-sept mille cadavres dans les champs de Rio Seco. Des femmes se précipitaient avec d'horribles hurlements sur nos blessés, et elles

se les disputaient pour les faire mourir
dans les tourments les plus cruels ; elles
leur plantaient des couteaux et des ciseaux
dans les yeux et se repaissaient, avec une
joie féroce, de la vue de leur sang et de
leurs convulsions [1].

Napoléon reçut à Bordeaux la nouvelle
de la bataille de Baylen, où Castanos et
Reding firent mettre bas les armes au
général Dupont. C'était son premier revers ; il en fut au désespoir. Ni la Russie,
ni Waterloo n'ont jamais rien produit d'ap-
prochant sur cette âme hautaine. « Voler
des vases sacrés, s'écria-t-il dans sa fureur,
cela se conçoit d'une armée mal disciplinée,
mais signer qu'on a volé ! » Et un instant
après : « Je connais mes Français : il fallait
leur crier : « Sauve qui peut ! » Au bout de
trois semaines, ils me seraient tous revenus. » Il interrogeait les assistants : « Mais
n'y a-t-il pas une loi dans un code pour
faire fusiller tous ces infâmes généraux ? »

1. *Mém. de Rocca*, p. 190

CHAPITRE XLII

NAPOLÉON revint à Paris, mais il fallut bientôt repartir pour l'Espagne. Nous laisserons, comme à l'ordinaire, l'histoire générale de la guerre qui exige de longs détails. Il passa plusieurs revues aux portes de Madrid. Comme à son ordinaire, il se trouva au milieu d'un peuple nombreux et, même une fois, au milieu d'une forte colonne de prisonniers espagnols. Ces fanatiques, vaincus, déguenillés et brûlés du soleil avaient des figures horribles.

M. de Saint-Simon, grand d'Espagne, ancien membre de l'Assemblée Constituante, avait combattu dans Madrid contre les Français. Napoléon avait une politique arrêtée à l'égard des Français qui portent les armes contre la patrie. M. de Saint-Simon fut arrêté et condamné à mort par une commission militaire. L'empereur ne pouvait avoir aucun sentiment de haine envers un homme qu'il ne connaissait point et qui n'était pas au nombre des personnages dangereux. La politique seule avait marqué la victime.

M. de Saint-Simon avait une fille qui adoucissait son exil et les peines de sa vieillesse par les soins les plus tendres. Les dangers de son père l'amenèrent aux pieds de Napoléon. Tout se disposait pour le supplice ; le dévouement de cette pieuse fille l'emporta contre un parti pris qui semblait irrévocable, car il était appuyé non sur les passions, mais sur la raison et sur le souvenir de Saint-Jean-d'Acre.

Ce bel acte de clémence fut facilité par le major général et les généraux Sebastiani et Laubardière. Toute l'armée trouvait la guerre d'Espagne injuste ; à cette époque elle n'était pas encore irritée par de nombreux actes de traîtrise[1]. A la retraite d'Oporto, en 1809, un hôpital français très nombreux fut massacré avec des circonstances horribles. A Coïmbre, plusieurs milliers de malades et de blessés finirent de même d'une manière trop atroce pour être rapportée. Ailleurs, on noyait de sang-froid dans le Minho sept cents prisonniers français. Il y a des centaines d'anecdotes de ce genre et qui compromettent des gens qu'on a encore

---

1. « Notre maxime était que tromper avec adresse, sans déguiser entièrement la vérité, un homme aussi faux que Napoléon, était une action digne d'éloges bien loin d'être blâmable. » Escoïquiz, p. 124.

la bonté d'admirer. A mesure que ces atrocités irritaient l'armée française, elle devint cruelle, mais jamais dans la forme. On fusillait ou on faisait pendre ce qu'on appelait des rebelles.

Au milieu de sa campagne d'Espagne, Napoléon apprit que l'Autriche, qui armait depuis longtemps, était sur le point d'attaquer. Il fallait confier à des lieutenants l'Espagne ou la France et l'Italie. Il ne put pas hésiter ; ce fut une faute forcée, mais, de ce moment, l'Espagne fut perdue. Tout languit à l'armée, qui n'était plus la Grande Armée, qui n'était plus sanctifiée par la présence immédiate du despote. De ce moment, on eut beau faire de grandes actions, il n'y eut plus ni avancement, ni récompense pour l'armée d'Espagne.

Pour achever de rendre la position insoutenable, la division très marquée entre Joseph et Napoléon s'aigrit de plus en plus. Elle avait d'abord eu deux principes : le délaissement dans lequel Napoléon laissait Joseph et l'insolence des maréchaux à son égard ; deuxièmement, les nouveaux projets de Napoléon sur l'Espagne.

Joseph prétendait que, puisqu'on l'avait fait roi, il fallait qu'il parût l'être, que le reléguer à la queue de l'armée n'était

pas le préparer à paraître à la tête de la
nation, que plus elle était fière, plus elle
devait vouloir que son chef fût honoré.
Louis XIV, qui s'entendait en vanité
n'eût pas commis cette faute.

Tout l'argent qu'on avait rapporté de
Prusse, environ cent millions, ne paraissait pas devoir suffire à la guerre d'Espagne.
Napoléon, accoutumé à nourrir la guerre
par la guerre, ne s'accoutumait pas à porter
son argent en Espagne. Il voulait que
Joseph payât la guerre ; l'Espagne y
aurait suffi à peine en temps de paix.
C'était le dernier degré de l'absurde, au
moment où les troupes françaises n'é-
taient exactement maîtresses que du
terrain qu'elles occupaient militairement
et qu'elles épuisaient à fond.

Mais il y avait plus : à peine Napoléon
fut-il en Espagne, qu'il se mit à la regarder,
et, l'ayant trouvée belle, il en voulut un
morceau. Rien de plus contraire aux
actes de Bayonne. Ce génie mobile et
ardent, satisfait pour un instant au moment de la création, apercevait sans cesse
de nouveaux rapports dans les affaires.
L'idée du jour dévorait celle de la veille et,
se sentant la force de détruire tous les
obstacles, rien n'était immuable pour un
esprit devant lequel le terme des possibles
s'éloignait, comme l'horizon devant le

voyageur. On a cru souvent Napoléon perfide, et il n'était que changeant. Voilà la disposition qui le rendait le prince de l'Europe le moins propre au gouvernement constitutionnel.

Il avait commencé par céder très sincèrement l'Espagne à Joseph : certainement, à Bayonne, il ne songeait pas à s'approprier une seule de ses provinces. En revenant ce Benavente où, malgré tous les obstacles que la neige, l'hiver et les montagnes, peuvent entasser, il avait poursuivi les Anglais, il s'arrêta à Valladolid où il attendait avec impatience la députation de la ville de Madrid. Il fit appeler un homme de sa cour qui voyageait avec ces députés. Il brûlait de partir pour la France. Il était nuit, le temps affreux. Il ouvrait la fenêtre à chaque instant pour consulter l'état du ciel et s'assurer de la possibilité de marcher. Se retournant vers les gens de sa cour, il entassait les questions comme à son ordinaire, demandant avec vivacité ce que l'on ferait à Madrid, ce que voulaient les Espagnols. On lui disait qu'ils étaient mécontents ; là-dessus il entreprit de prouver qu'ils avaient tort, que le mécontentement n'était pas possible ; qu'un peuple raisonne toujours juste sur ses intérêts, que les Espagnols avaient à gagner la dîme, l'égalité, les droits féodaux, la diminution de l'hydre du clergé. On lui répondait que, d'abord, l'Espagnol, ne sachant rien de l'état de l'Europe, n'avait pas d'yeux pour voir ces avantages ; mais qu'en revanche, il avait la fierté de ne vouloir avoir d'obligation à personne ; qu'enfin ce peuple était comme la femme de Sganarelle, qui voulait être battue. Il rit et continua avec véhémence en se promenant à grands pas : « Je ne connaissais pas l'Espagne ; c'est un plus beau pays que je ne le pensais. J'ai fait là un beau présent à mon frère ; mais vous verrez, les Espagnols feront des sottises et il me reviendra ; je le partagerai en cinq grandes vice-royautés. » Il était frappé de la tendance de l'Espagne vers l'alliance avec l'Angleterre. Il ne comptait pas plus sur les rois d'Espagne Napoléons que sur les rois d'Espagne Bourbons. Il sentait que les uns, comme les autres, profiteraient de la première occasion pour se rendre indépendants comme l'ont tenté les rois de Hollande et de Naples.

Il quitta Valladolid le lendemain de cette singulière indiscrétion, et franchit, en quelques heures de galop, les trente lieues qui séparent cette ville de Burgos. Il fut à Paris quatre jours après. La rapidité de ces courses, cette aptitude à braver toutes les fatigues entraient dans la magie de son existence ; jusqu'au simple postillon, tout le monde sentait que c'était un homme supérieur à l'homme[1].

1. Le résumé plein de faits n'aurait qu'une page (226 et suivante [de Pradt]), mais il refroidirait ; le réserver pour ailleurs. Le caractère de Napoléon me fait une excellente transition d'idées et non de mots. 10 juillet 1818.

CHAPITRE XLIII

ARRÊTONS-NOUS un instant pour pénétrer dans l'intérieur de ce palais des Tuileries d'où partaient les destinées de l'Europe.

La guerre d'Espagne marque à la fois l'époque de la décadence de la puissance de Napoléon et l'époque de la décadence de son génie. La prospérité avait graduellement changé et vicié son caractère. Il avait le tort de trop s'étonner de ses succès, et de ne pas assez mépriser les rois, ses confrères. Il buvait à longs traits le poison de la flatterie. Il crut que rien ne lui était personnellement impossible ; il ne put plus supporter la contradiction et bientôt la moindre observation lui parut une insolence et, de plus, une bêtise. Par suite de ses mauvais choix, il était accoutumé à ne voir réussir que les choses qu'il faisait lui-même. Bientôt ses ministres ne durent plus paraître faire autre chose que rédiger servilement ses idées. Les hommes d'un vrai talent s'éloignèrent ou feignirent de ne plus penser, et, en secret, se moquaient de lui[1]. Il est impossible que, dans ce siècle, les vrais talents ne se trouvent pas réunis à des idées un peu libérales : Napoléon lui-même en est un exemple, et ce crime passe pour le plus grand de tous.

1. Le comte Réal, par exemple.

CHAPITRE XLIV

L'ADMINISTRATION

L'EMPEREUR avait douze ministres [1] et plus de quarante conseillers d'Etat généraux qui lui faisaient des rapports sur des affaires qu'il leur renvoyait. Les ministres et directeurs d'administration donnaient des ordres aux cent vingt préfets. Chaque ministre lui présentait quatre ou cinq fois par semaine soixante ou quatre-vingts projets de décrets ; chaque projet était développé dans un rapport que le ministre lisait à l'empereur. Pour les affaires peu importantes, l'empereur donnait son approbation en marge du rapport.

Tous les décrets signés étaient laissés par les ministres au duc de Bassano qui gardait les originaux et envoyait aux ministres des copies conformes signées de lui.

---

1. En 1810, MM. les ducs de Massa, de Cadore, de Feltre, de Gaète, d'Otrante, Montalivet, Mollien, Cessac, Decrès, Bigot-Préameneux et le duc de Bassano. Plus tard le ministre du commerce, Sussy.

Quand l'empereur était à l'armée ou en voyage, les ministres, qui ne le suivaient pas, envoyaient leurs portefeuilles au duc de Bassano qui présentait les décrets à Sa Majesté, et lui faisait lecture des rapports. On voit l'origine du crédit de ce duc, qui d'abord n'était que simple secrétaire, qui peu à peu se mit à la queue des ministres dans l'almanach impérial, et qui n'eut jamais de département.

Le crédit tout puissant du duc de Bassano était sur les ministres et préfets auxquels il faisait peur. Personne n'avait de crédit sur Napoléon pour les affaires qu'il pouvait comprendre. Ainsi tous les décrets d'organisation, tout ce qui était du domaine de la raison pure, si je puis m'exprimer ainsi, annonçaient un génie supérieur. Quand il y avait des données nécessaires à savoir, si le ministre du département que cela regardait était d'accord avec le ministre secrétaire d'Etat, on le trompait dans le premier exposé de l'affaire, et par orgueil et par paresse, il ne revenait jamais.

Quant aux décrets de personnel, Napoléon avait adopté des règles générales fondées sur un extrême mépris pour les hommes. Il semblait se dire : « Pour les gens que je ne connais pas moi-même, je serai moins trompé par leur uniforme qui, à mes yeux, les range dans une certaine classe, que par les ministres. » On lui voyait faire tous les jours les choix les plus ridicules. Voulant accoutumer au respect un peuple spirituel et moqueur, il avait supprimé la conversation. Il ne pouvait plus connaître les hommes qu'il employait que par des succès marquants, ou les rapports des ministres. En quittant la Hollande, lors du voyage qu'il y fit, il dit avec une naïveté bien plaisante : « Nous sommes bien mal en préfets dans ce pays-ci. »

CHAPITRE XLV

TREIZE ans et demi de succès firent d'Alexandre le Grand une espèce de fou. Un bonheur exactement de la même durée produisit la même folie chez Napoléon. La seule différence, c'est que le héros macédonien eut le bonheur de mourir. Quelle gloire n'eût pas laissée Napoléon comme conquérant, s'il eût rencontré un boulet, le soir de la bataille de la Moskowa !

L'Angleterre et ses écrits pouvaient empêcher la folie du héros moderne. Il eut le malheur d'être trop bien obéi dans sa fureur contre la presse anglaise. Aujourd'hui c'est cette ennemie si abhorrée qui fait sa seule consolation.

En 1808, par les changements qu'un orgueil non contrarié depuis huit ans et la *couronnomanie* avaient produits dans le génie de Napoléon, il arriva que, de ses douze ministres, huit au moins étaient des gens médiocres qui n'avaient d'autre mérite que de se tuer de travail.

Le duc de Bassano qui jouissait de la plus grande influence dans les affaires autres que militaires, homme aimable et doux dans un salon, était, dans le cabinet, de la plus incurable médiocrité. Non seulement il n'avait pas de grandes visées, mais il ne les comprenait pas. Tout se rapetissait en passant par cette tête. Il avait tout juste les talents d'un journaliste, métier par lequel il avait débuté à Paris. Il est vrai que sa place l'obligeait à être nuit et jour avec le maître. Un homme à caractère eût été offensé des accès d'humeur et des impatiences de l'empereur et, quelque courtisan qu'il eût été, sa physionomie eût gêné le monarque.

Le duc de Bassano choisit tous les préfets de France et ne leur demanda d'autre talent que de plumer la poule sans la faire crier. Les malheureux, pleins de vanité, se tuant de travail, et mangeant tous leurs appointements dans une représentation folle, tremblaient chaque matin, en ouvrant le *Moniteur*, d'y trouver leur destitution. Un de leurs principaux moyens de plaire, était d'anéantir jusqu'à la dernière étincelle d'esprit public qui s'appelait alors comme aujourd'hui, du jacobinisme.

CHAPITRE XLVI

SUITE DE L'ADMINISTRATION

UNE petite commune de campagne voulut, en 1811, employer pour 60 francs de mauvais pavés rejetés par l'ingénieur chargé de la grande route. Il fallut quatorze décisions du préfet, du sous-préfet, de l'ingénieur et du ministre. Après des peines incroyables et une extrême activité, l'autorisation nécessaire arriva enfin, onze mois après la demande, et les mauvais pavés se trouvèrent avoir été employés par les ouvriers pour remplir quelque trou de la route. Un commis, nécessairement ignorant, entretenu à grands frais dans un coin d'un ministère, décidait, à Paris et à deux cents lieues de la commune, une affaire que trois délégués du village auraient arrangée au mieux et en deux heures. On ne pouvait ignorer un fait si palpable et qui se produisait cinq cents fois par jour.

Mais la première affaire était d'abaisser le citoyen, et surtout de l'empêcher de délibérer, habitude abominable que les

Français avaient contractée dans les temps du jacobinisme[1]. Sans ces précautions jalouses, aurait pu reparaître cet autre monstre abhorré par tous les gouvernements successifs qui ont exploité la France, et dont j'ai déjà parlé, je veux dire *l'esprit public*.

On voit d'où venait l'énorme travail qui tuait les ministres de l'empereur. Paris voulait se charger de *digérer* pour la France. Il fallait faire faire toutes les affaires de France par des gens qui, eussent-ils été des aigles, les ignoraient nécessairement[2].

Or l'existence du commis tend nécessairement à l'hébéter. Sa première affaire lorsqu'il débute dans un bureau est d'avoir une belle main et de savoir employer la sandaraque. Tout le reste de sa carrière tend à lui faire employer continuellement la forme pour le fond. S'il réussit à accrocher un certain air important, rien ne lui manque. Tous ses intérêts le portent à favoriser l'homme qui parle sans avoir vu. Témoin et victime des plus misérables intrigues, le commis réunit les vices des

1. 31 décembre 1817. Le gouvernement actuel est aussi tyran qu'il peut.

2. Quelques étrangers seront peut-être bien aise de se rappeler la manière dont une loi ou décret recevait son exécution. (Vingt lignes d'explication du mécanisme de l'administration.)

cours à toutes les mauvaises habitudes de
la misère dans laquelle il végète les deux
tiers de sa vie. Voilà les gens à qui l'empereur jeta la France ; mais il pouvait
les mépriser. L'empereur voulait faire
administrer la France par des commis
à 1.200 francs d'appointements. Le commis faisait le projet, et l'orgueil du ministre
le faisait passer.

Une chose qui peint l'époque, ce sont
les comptes du marchand de papier de
chaque ministère ; cela va à l'incroyable.
Ce qui l'est autant pour le moins, c'est
la quantité de travail inutile et nécessairement mauvais, que faisaient ces
malheureux ministres et ces pauvres
préfets. Par exemple, une des grandes
affaires de ceux-ci était d'écrire, de leur
propre main, tous les rapports, même les
différentes copies du même rapport, pour
les divers ministères ; et, plus ils travail-
laient ainsi, plus le département dépéris-
sait. Le département qui allait le mieux
en France, était celui de Mayence qui
avait pour préfet Jean Debry, qui se moquait ouvertement de la bureaucratie ministérielle.

CHAPITRE XLVII

Q UEL était donc le mérite de cette administration impériale si regrettée en France, et par la Belgique, le Piémont, les États de Rome et de Florence ?

C'étaient des règles générales et des décrets organiques dictés par la plus saine raison. C'était l'entière extirpation de tous les abus accumulés dans l'administration de chaque pays par deux ou trois siècles d'aristocratie et de pouvoir astucieux. Les règles générales de l'administration française ne protégeaient que deux choses : le travail et la propriété. Cela a suffi pour faire adorer ce régime. D'ailleurs, la décision ministérielle qui arrivait de Paris après six mois, si elle était souvent ridicule par l'ignorance des données, était toujours impartiale. Et il y a tel pays que je ne nommerai pas, où le moindre juge de paix ne peut pas envoyer une citation sans commettre une criante injustice au profit du riche contre le pauvre [1]. Ce régime n'a été interrompu

1. Consultations de M. Dalpozzo, Italie, 1817.

que pendant l'apparition du gouvernement
français. Tout homme qui voulait travailler était sûr de faire fortune. Il se présentait en foule des acheteurs pour tous les
objets. La justice et le travail, mis en honneur, faisaient pardonner la conscription
et les droits réunis.

Le Conseil d'Etat de l'empereur sentait
bien que le seul système raisonnable était
que chaque département payât son préfet,
son clergé, ses juges, ses routes départe-
mentales et communales et qu'on n'en-
voyât à Paris que ce qu'il fallait pour le
souverain, les armées, les ministres, et
enfin les dépenses générales [1].

Ce système si simple était la bête noire
des ministres. L'empereur n'aurait plus
pu voler les communes et c'est là, en France
le grand plaisir des souverains [2]. Lorsque
la nation ne sera plus dupe des phrases [3],
on y viendra, et même le roi ne choisira les

1. Serviles ajoutés au Conseil d'Etat : Chauvelin, Fréville. de Néville.
2. On s'étonnait de voir le duc de Choiseul tenir aussi
longtemps contre Mme Dubarry. Au moment où il paraissait le plus chanceler, il se procurait un travail avec Louis XV,
et il lui demandait ses ordres relativement à cinq ou six
millions d'économie qu'il avait faits dans le département
de la guerre, observant qu'il n'était pas convenable de les
envoyer dans le trésor royal. Le roi entendait ce que cela
voulait dire et lui répondait : « Parlez à Bertin, donnez-lui
trois millions en tels effets, je vous fais présent du reste. »
Le roi n'était pas sûr que le successeur lui offrît les mêmes
facilités.
3. C'est-à-dire lorsqu'elle aura la liberté de la presse

préfets et les maires des grandes villes que parmi un certain nombre de candidats nommés par ces grandes villes [1], et les petites nommeront directement leurs maires et pour un an. Jusque-là, point de véritable liberté, et point de véritable école pour les membres du Parlement. Tout ce qu'il y a eu de bon dans nos assemblées législatives avait été administrateur de département nommé par le peuple. Au lieu de faire digérer les affaires par les commis, on les fera digérer par de riches citoyens, payés en vanité, comme les administrateurs des hôpitaux. Mais tout cela contrarie l'administration phrasière et les fortunes de bureau, en un mot : la fatale influence de l'égoïste Paris [2].

1. Par les gens payant cent francs d'impôt.
2. Tous les petits gens de lettres qui avilissent la littérature et servent au parti vainqueur à injurier le parti vaincu et à exalter sa propre insolence, vivent par un bureau. Voir les biographies Michaud (Villemain, Auger, Roger).

CHAPITRE XLVIII

LE grand malheur de Napoléon est d'avoir eu sur le trône trois des faiblesses de Louis XIV.

Il aima jusqu'à l'enfantillage la pompe de la cour ; il prit des sots pour ministres et, s'il ne croyait pas les former, comme Louis XIV disait de Chamillard, il crut du moins que quelle que fût l'ineptie des rapports qu'ils lui faisaient, il saurait démêler le vrai jour de l'affaire. Enfin Louis XIV craignit les talents ; Napoléon ne les aimait pas. Il partait de ce principe qu'il n'y aurait jamais en France de faction forte que les Jacobins.

On le voit renvoyer Lucien et Carnot, hommes supérieurs qui avaient précisément les parties qui lui manquaient. On le voit aimer ou souffrir Duroc, le prince de Neuchâtel, le duc de Massa, le duc de Feltre, le duc de Bassano, le duc d'Abrantès, Marmont, le comte de Montesquiou, le comte de Cessac, etc., etc., tous gens parfaitement honnêtes et fort estimables sur tous les vivants, mais qu'un public malin s'est toujours obstiné à trouver un peu ineptes.

Quand l'air empesté de la cour eut tout à fait corrompu Napoléon et exalté son amour-propre jusqu'à un état maladif, il renvoya Talleyrand et Fouché et les remplaça par les plus bornés de ses flatteurs (Savary et Bassano).

L'empereur en arriva au point de pouvoir démêler l'affaire la plus compliquée en vingt minutes. On le voyait faire des efforts d'attention incroyables, et impossibles à tout autre homme, pour tâcher de comprendre un rapport prolixe et sans ordre, en un mot fait par un sot qui lui-même ne savait pas l'affaire.

Il disait du comte de C[essac], l'un de ses ministres : « C'est une vieille femme », et il le gardait. « Je ne suis pas un Louis XV moi, disait-il à ses ministres assemblés en conseil au retour d'un de ses voyages, je ne change pas de ministres tous les six mois. » Il partit de là pour leur dire à tous les défauts que le public leur reprochait. Il croyait tout savoir sur tout et n'avoir plus besoin que de secrétaires rédacteurs de ses pensées. Cela peut être juste dans le chef d'une République, où la chose publique profite de l'intelligence du moindre citoyen, mais dans le chef d'un despotisme qui ne souffre l'existence d'aucun corps, d'aucune règle !

Les plus grands succès du duc de Bassano lui arrivaient pour avoir deviné sur une affaire la pensée de l'empereur que celui-ci ne lui avait pas encore communiquée. Tel n'était pas le rôle de Sully auprès de Henri IV, tel ne serait pas le rôle d'un simple honnête homme auprès d'un souverain et surtout d'un souverain dont l'effrayante activité voulait décider par décret même d'une dépense de cinquante francs.

CHAPITRE XLIX

Depuis deux siècles, un ministre, en France, est un homme qui signe quatre cents dépêches par jour, et qui donne à dîner ; c'est une existence absurde.

Sous Napoléon, ces pauvres gens se tuaient de travail, mais d'un travail *sans pensée*, mais d'un travail nécessairement absurde. Pour être bien reçu de l'empereur, il fallait toujours répondre au problème qu'il agitait au moment où l'on entrait. Par exemple, à combien monte le mobilier de tous mes hôpitaux militaires ? Le ministre qui ne répondait pas franchement et en homme qui ne se serait occupé que de cette idée toute la journée, était vilipendé, eût-il eu d'ailleurs les lumières du duc d'Otrante.

Quand Napoléon apprit que Crétet, le meilleur ministre de l'intérieur qu'il ait eu, allait succomber à une maladie mortelle, il dit : « Rien de plus juste ; un homme que je fais ministre, ne doit plus pouvoir pisser

au bout de quatre ans. C'est un honneur
et une fortune éternelle pour sa famille. »

Ces pauvres ministres étaient réellement
hébétés par ce régime. L'estimable comte
Dejean fut obligé de lui demander grâce
un jour. Il calculait les dépenses de la
guerre sous la dictée de l'empereur et était
tellement *ivre* de chiffres et de calculs qu'il
fut obligé de s'interrompre et de lui dire
qu'il ne comprenait plus.

Un autre ministre tomba de sommeil
appuyé sur son papier pendant que l'empereur lui parlait, et ne se réveilla qu'au
bout d'un quart d'heure toujours parlant
à Sa Majesté et lui répondant ; et c'était
une des meilleures têtes.

La faveur des ministres avait des phases
d'un mois ou six semaines. Quand un de
ces pauvres gens voyait qu'il ne plaisait
plus au maître, il redoublait de travail,
devenait jaune et redoublait de complai-
sance envers le duc de Bassano. Tout à
coup et à l'improviste, leur faveur revenait ; leurs femmes étaient invitées au
cercle et ils étaient ivres de joie. Cette
vie tuait, mais n'admettait pas l'ennui.
Les mois passaient comme des journées.

Quand l'empereur était content d'eux,
il leur envoyait une dotation de dix mille
livres de rente. Un jour, s'étant aperçu de
quelque lourde sottise que lui avait fait

faire le duc de Massa, il le renversa avec sa robe rouge sur un canapé et lui donna quelques coups de poing ; honteux de cette vivacité, il lui envoya soixante mille francs le lendemain. J'ai vu un de ses généraux les plus braves (le comte Curial), soutenir qu'un soufflet de l'empereur ne déshonorait pas, que ce n'était qu'une simple marque de mécontentement du chef de la France. Cela est vrai, mais il faut être bien libre de préjugés. Une autre fois, l'empereur donna des coups de pincettes au prince de Neuchâtel.

Le duc d'Otrante, le seul homme d'un esprit vraiment supérieur qui fût parmi les ministres, s'était exempté de l'énorme travail de plume par lequel les autres ministres cherchaient la faveur du maître. Bénévent n'a été que *primus inter pares*, et ses *pares*, les ministres des autres cours n'étaient que des imbéciles. Il n'a eu à agir sur rien de difficile. Le duc d'Otrante a su sauver un gouvernement environné d'ennemis, et en exerçant la tyrannie la plus soupçonneuse laissa beaucoup des apparences de la liberté et n'a pas gêné du tout l'immense majorité des Français. Les ducs de Massa et de Feltre étaient incapables même de ce travail mécanique. L'empereur, ennuyé des inepties du duc de Feltre, faisait examiner son travail par

le comte de Lobau. Les ministres de la
marine et de l'intérieur, comte Decrès et
Montalivet, étaient des gens d'esprit qui
ne faisaient que des sottises : n'avoir pas
lancé deux cents frégates, armées en cor-
saires, sur le commerce anglais, n'avoir
pas formé assez vite des matelots sur le
Zuidersee et mille autres inepties. Pour
le second, les gardes d'honneur qui ne
devaient enlever que cinq ou six cents
bavards qui parlaient mal du gouvernement dans les cafés et qui désolèrent, de la
manière la plus injuste et la plus odieuse,
des milliers de familles. Mais le comte
Montalivet voulait être duc. Et cependant
c'était un homme supérieur !

En 1810, la voix publique désignait à
l'empereur MM. Talleyrand, Fouché, Merlin pour la justice, Soult pour major-
général, Carnot ou le maréchal Davoust
pour la guerre, Daru pour les dépenses
et marchés de la guerre, Chaptal pour
l'intérieur, Mollien et Gaudin pour les
finances, Réal pour la secrétairerie de
l'Etat, Bérenger, Français, Montalivet,
Thibaudeau pour les directions ; Le Voyer
d'Argenson, Lezay-Marnezia, le comte
de Lobau, MM. Lafayette, Say, Merlin de
Thionville pour le Conseil d'Etat. On voit
qu'il a suivi cette indication en partie.
Cependant il y avait dans son ministère

quatre ou cinq hommes d'une telle infé-
riorité, que les souffrir là marque bien sa
haine pour les talents. Ç'eût été bien pis
dans quelques années. Les gens qui avaient
acquis dans la Révolution la véritable
expérience des affaires allaient se dégoûter
ou s'éteindre, et les jeunes gens qui les
auraient remplacés, ne cherchaient qu'à
faire assaut de servilité. Etre bien reçu de
M. le duc de Bassano était le suprême
bonheur. Voulait-on se perdre à jamais
dans la cour de ce duc, il fallait montrer
de la pensée. Ses favoris étaient des gens
accusés de ne pas savoir lire.

CHAPITRE L

COMMENT donc la France marchait-elle avec des ministres qui suivaient une route si absurde ? La France marchait par l'extrême émulation que Napoléon avait inspirée à tous les rangs de la société. La gloire était la vraie législation des Français. Partout où il se montrait, et il parcourait sans cesse son vaste empire, si le vrai mérite pouvait percer le rempart de ses ministres et de ses chambellans, il était sûr d'une immense récompense. Le moindre garçon pharmacien travaillant dans l'arrière-boutique de son maître, était agité de l'idée que s'il faisait une grande découverte, il aurait la croix et serait fait comte.

Les règlements de la Légion d'Honneur étaient la seule religion des Français ; ils étaient respectés également par le souverain comme par les sujets. Jamais, depuis les couronnes de chêne des anciens Romains, une récompense publique n'avait été distribuée avec autant de sagacité et n'avait compté parmi ses membres une aussi grande proportion de gens de mérite. Tous les hommes qui s'étaient rendus utiles à la patrie avaient la croix. Dans les commencements, elle avait été un peu prodiguée, mais, par la suite, à peine cet ordre comptait-il parmi ses membres un dixième de gens sans mérite [1].

1. C'est le contraire aujourd'hni. Si l'on veut avoir la liste de ce qu'il y a de plus innocent, de plus sot et de plus plat en France, il faut prendre celle des gens qui ont eu la Légion d'Honneur depuis trois ans.

CHAPITRE LI

DU CONSEIL D'ÉTAT

LA plupart des décrets organiques autres que de personnel, étaient renvoyés au Conseil d'Etat. Aucun souverain ne pourra de longtemps en avoir de pareil. Napoléon avait hérité de tous les gens à talent formés par la Révolution. Il n'y avait d'exception que pour un très petit nombre qui avait trop marqué dans une partie. Par mépris pour les hommes, indifférence pour les choix et laisser-aller aux circonstances, il avait enterré dans le Sénat plusieurs hommes dont la probité ou les talents eussent été plus utiles au Conseil d'Etat. Tels étaient le général Canclaux, MM. Boissy d'Anglas, le comte de Lapparent, Rœderer, Garnier, Chaptal, François de Neuchateau, Sémonville. Le comte Sieyès, Volney, Languinais avaient trop marqué par des opinions libérales et dangereuses. Volney, le jour du Concordat, lui avait prédit tous les chagrins que lui donnerait le pape.

A ces hommes près, le Conseil d'Etat
était ce qu'il y avait de mieux dans les
circonstances.

Il était divisé en cinq sections :
les sections : de Législation,
                de l'Intérieur,
                des Finances,
                de la Guerre,
                de la Marine.

Le ministre de la guerre présentait-il
un décret, l'organisation des Invalides
par exemple, l'empereur le renvoyait
à la section de la guerre qui ne demandait
pas mieux que de trouver des torts au
ministre.

Les décrets renvoyés étaient discutés
dans la section qu'ils concernaient par
six conseillers d'État et quatre maîtres
des requêtes. Il y avait sept à huit auditeurs. La section faisait un projet qu'on
imprimait à mi-marge avec celui du ministre ; on distribuait la feuille imprimée
aux quatre conseillers d'Etat, et les deux
projets étaient discutés à une séance pré-
sidée par l'empereur ou par l'archichan-
celier Cambacérès. Très souvent on renvoyait de nouveau le décret à la section
et il y avait quatre ou cinq rédactions différentes imprimées et distribuées avant
que l'empereur ne se déterminât à signer.

Voilà une invention excellente que

l'empereur a portée dans le despotisme. Voilà un digne pouvoir qu'un ministre qui sait son affaire ne manque pas d'acquérir par un souverain faible ou, du moins, qui ne sait l'affaire qu'à demi.

Les séances du Conseil d'Etat étaient brillantes pour l'empereur. Il est impossible d'avoir plus d'esprit. Dans les affaires les plus étrangères à son métier de général, dans les discussions sur le Code civil par exemple, il étonnait toujours. C'était une sagacité merveilleuse, infinie, étincelant d'esprit, saisissant, créant dans toutes questions des rapports inaperçus ou nouveaux ; abondant en images vives, pittoresques, en expressions animées, et pour ainsi dire, *dardées*, plus pénétrantes dans l'incorrection même de son langage, toujours un peu imprégné d'étrangeté, car il ne parlait correctement ni le français, ni l'italien.

Ce qu'il y avait de charmant, c'était sa franchise, sa bonhomie. Il disait un jour qu'on discutait une affaire qu'il avait avec le pape : « Cela vous est bien aisé à dire à vous ; mais si le pape me disait : « Cette nuit l'ange Gabriel m'est apparu et m'a dit telle chose », je suis obligé de la croire. »

Il y avait au Conseil d'Etat des têtes du Midi qui s'animaient, allaient fort

loin, et souvent ne se payaient pas de
mauvaises raisons : le comte Bérenger
par exemple. L'empereur n'en gardait
aucune rancune ; au contraire souvent il
les animait à parler : « Hé bien, baron
Louis, qu'avez-vous à dire là-dessus ? »
Son bon sens corrigeait à tous moments
les vieilles absurdités admises par pres-
cription dans les peines. Il était excellent,
critiquant la jurisprudence contre le vieux
comte Treillard. Plusieurs des plus sages
dispositions du Code civil viennent de
Napoléon, particulièrement dans le titre
du mariage [1]. Les séances du Conseil
étaient une partie de plaisir.

Cambacérès le présidait sous lui et en
son absence. Il y montrait un talent supérieur, une raison profonde. Il résumait fort
bien. Il calmait les amours-propres et
rappelant chaque tort, opinant à la sagesse, savait tirer de lui des lumières qu'il
pourrait donner à la question. [C'est au
Conseil d'Etat] qu'on doit l'admirable
administration de la France, cette administration que malgré les habitudes rom-
pues, la Belgique, l'Italie et les provinces
du Rhin regrettent encore.

L'empereur ne voulait ni encourager
parmi les citoyens la dangereuse vertu des

1. Voir les discussions par Locré, quoique Locré soit
bien plat.

républiques, ni faire de grandes écoles,
comme l'école Polytechnique, pour les
juges et les talents de l'administration.
Voyez s'il était loin de là ; il n'alla jamais voir l'école Polytechnique, grand
établissement militaire et dont le succès,
passant les espérances des philosophes qui
la fondèrent, avait déjà rempli l'armée
d'excellents chefs de bataillon et capitaines.

Avec ces deux conditions altérantes,
l'Administration française fut ce qu'on
pourra jamais faire de mieux. Tout y fut
ferme, raisonnable, exempt de niaiserie.
Il y avait, dit-on, trop d'écritures et de
bureaucratie. Les gens qui font cette objection, oublient que l'empereur ne voulait pas, absolument pas, de l'incommode
reste des républiques. Le despote disait
aux sujets : « Croisez-vous les bras ; mes
préfets se chargent de tout faire pour
vous. Pour prix d'aussi doux repos, je
ne vous demande que des enfants et de l'argent. » La plupart des généraux s'étant
enrichis en volant, il fallait à force d'ins-
pections et de contre-inspections, rendre
les friponneries impossibles. Jamais despote n'aura d'administrateurs comme le
comte François de Nantes pour les Droits
Réunis, rapportant 180 millions, et comme
le comte Montalivet pour les Ponts et
Chaussées qui en coûtaient 30 ou 40. Le

comte Duchâtel, l'impitoyable directeur de l'administration des Domaines, quoique devant sa place à sa femme, était excellent. Le comte Lavalette, directeur des Postes, pouvait compromettre la moitié de la France, ainsi que le duc d'Otrante ; dans ce genre, il n'a fait que l'indispensable. C'est une grande louange ; cela tient à l'honnêteté du caractère. Le comte Daru, le plus probe des hommes, avait un talent supérieur pour faire vivre une armée. Le comte de Sussy était un bon directeur des Douanes. L'empereur était ennemi mortel du commerce qui faisait des gens indépendants, et le comte Sussy était mille fois trop courtisan pour défendre le commerce contre la haine du maître. Merlin, à la Cour de cassation, Pelet de la Lozère, à la police, étaient excellents. La presse était dans les mains de l'empereur un instrument pour avilir ou dégrader tout homme qui avait encouru son déplaisir. Mais, quoique violent et sans frein dans ses emportements, il n'était ni cruel ni vindicatif. Il offensait beaucoup plus qu'il ne punissait, a dit un des hommes qui ont le plus ressenti le poids de sa colère. Le comte Réal était un homme peut-être supérieur à tous les autres, un de ces hommes qui devraient faire la société du despote.

Tout ce qu'il y avait de bon au Conseil d'Etat étaient de vieux libéraux, nommés Jacobins, et qui avaient vendu leur conscience à l'empereur pour des titres et 25.000 francs par an. La plupart de ces gens à talent étaient à genoux devant un cordon [1], et presque aussi bas que les comtes Laplace et Fontanes.

Le Conseil fut excellent, jusqu'à ce que l'empereur se fût fait une cour, jusqu'en 1810.

Alors les ministres aspirèrent ouvertement à devenir ce qu'ils étaient sous Louis XIV. Il devint dupe et par conséquent ridicule de s'opposer franchement aux projets de décrets d'un ministre. Encore quelques années et il fût devenu choquant, dans un rapport de section, d'être d'un avis opposé à celui du ministre. Toute franchise dans le style fut bannie ; l'empereur appela au Conseil d'Etat plusieurs hommes qui, bien loin d'être des enfants de la Révolution, n'avaient acquis dans les préfectures que l'habitude d'une servilité outrée et d'un respect aveugle pour les ministres [2]. Le suprême mérite d'un préfet était d'imiter un intendant militaire en pays conquis. Le comte Regnault-de-Saint-Jean-d'Angely, le plus corrompu

1. Le comte Français par exemple.
2. Molé, Chauvelin, Fréville et Néville.

des hommes, devint peu à peu le tyran
du Conseil d'Etat. On sentit le manque
d'honnêtes gens ; non pas qu'on se laissât
acheter (il n'y avait guère de probité
douteuse que celle de Regnault), mais il
manquait de ces honnêtes gens un peu
bourrus que rien ne peut empêcher de
dire une vérité qui déplaît aux ministres.

Les frères Caffarelli étaient de ce caractère, mais tous les jours, cette vertu devenait plus gothique et plus ridicule. Il n'y
avait guère plus que les comtes Defer-
mon et Andreossy qui, portés par leur
caractère taquin, osassent ne pas être à
genoux devant les projets des ministres.
Ceux-ci mettant leur vanité à faire passer
les projets de décrets de leurs bureaux,
peu à peu les conseillers d'Etat étaient
remplacés par les commis, et les projets de
décrets n'étaient plus discutés que par
l'empereur au moment de les signer.

Enfin, à la chute de l'empire, ce Conseil d'Etat qui avait créé le Code civil
et l'administration française était devenu
presque insignifiant et ceux qui voyaient
de loin dans les projets des ministres,
parlaient de le détruire.

Vers la fin de son règne, l'empereur
tenait souvent conseil des ministres ou
conseil de cabinet, auquel on appelait
quelques sénateurs et quelques conseillers

d'Etat. On agitait là les affaires que l'on
ne peut pas confier à cinquante personnes.
C'était le vrai Conseil d'État. Ces conseils
seraient tout, si on pouvait y faire entrer
l'indépendance, je ne dis pas à l'égard du
maître, mais à l'égard des ministres influents.
Qui aurait osé dire devant le comte Montalivet que l'administration intérieure dé-
clinait tous les jours ? que, chaque jour,
l'on perdait quelqu'un des bienfaits de la
Révolution ?

De la suppression de la conversation,
il résultait que l'empereur avait quelquefois besoin d'épanchement, surtout la
nuit. Il allait à la chasse des idées. Il lui
en venait alors, que la méditation ne lui
eût pas données. En satisfaisant ce goût,
il sondait la personne à qui il parlait ;
ou pour mieux dire, le lendemain, le politique se rappelait de ce que le philosophe
avait entendu la veille. Ainsi, un jour,
à deux heures, du matin, il dit à un de ses
officiers : « Qu'arrivera-t-il après moi en
France ? » — « Sire, votre successeur,
qui aura peur avec raison d'être écrasé
de votre gloire, cherchera à faire ressortir
les défauts de votre administration.
On déclarera un déficit pour les 15 ou
20 millions que vous ne voulez pas que
votre ministre de l'administration de la
guerre paye aux malheureux marchands

de Lodève, etc., etc. » L'empereur discutait tout cela comme le philosophe le
plus franc, le plus simple et l'on peut ajouter, le plus profond et le plus aimable.
Deux mois après, on discutait dans un
conseil de cabinet une réclamation de
fournisseurs. L'officier, avec qui il avait
discuté l'avenir un mois auparavant, parlait : « Oh ! pour vous, interrompit l'empereur, je sais que vous êtes l'ami des fournisseurs. » Il n'y avait rien de plus faux.

CHAPITRE LII

DE LA COUR

En 1785, il y avait *société*, c'est-à-dire que des êtres indifférents les uns aux autres, réunis dans un salon, parvenaient à se procurer si ce n'est des jouissances fort vives, au moins des plaisirs fort délicats et sans cesse renaissants. Le *plaisir de la société* devint même si nécessaire qu'il parvint à étouffer les grandes jouissances qui tiennent à la nature intime de l'homme et à l'existence des grandes passions et des hautes vertus. Tout ce qui est fort et sublime ne se trouva plus dans les cœurs français. L'amour seul fit quelques rares exceptions [1] ; mais, comme on ne rencontre les grandes émotions qu'à des intervalles fort éloignés, et que les plaisirs de salon sont de tous les instants, la société française avait un attrait que lui ont procuré le despotisme de la langue et des manières.

Sans que l'on s'en doutât, cette extrême

1. Il n'est pas question des neuf dixièmes de la société qui ne sont ni polis, ni influents.

politesse avait entièrement détruit l'énergie dans les classes riches de la nation. Il restait ce courage personnel qui a sa source dans l'extrême vanité, que la politesse tend à irriter et à agrandir sans cesse dans les cœurs.

Voilà ce qu'était la France quand la belle Marie-Antoinette, voulant se donner les plaisirs d'une jolie femme, fit de la cour une société. L'on n'était plus bien reçu à Versailles, parce qu'on était duc et pair, mais parce que Mme de Polignac daignait vous trouver agréable [1]. Il se trouva que le roi et la reine manquaient d'esprit. Le roi, de plus, n'avait pas de caractère ; et ainsi, accessible à tous les donneurs d'avis [2], il ne sut pas se jeter dans les bras d'un premier ministre ou se placer sur le char de l'opinion publique [3]. Depuis longtemps il n'était guère profitable d'aller à la cour, mais les premières réformes de M. de Necker tombant sur les amis de la reine [4] rendirent cette vérité frappante pour tous les yeux. Dès lors il n'y eut plus de cour [5].

La Révolution commença par l'enthou-

1. *Mémoires* de Bezenval.
2. Même à un Pezay qui lui dit de sortir son mouchoir.
3. En soutenant le sage Turgot.
4. M. de Coigny.
5. Tout ceci sera sans doute admirablement peint dans l'ouvrage posthume de Mme de Staël qui était appelée par son talent, à faire l'*Esprit des Lois* de la société.

siasme des belles âmes de toutes les classes.
Le côté droit de l'Assemblée Constituante
présenta une résistance inopportune ; il
fallut de l'énergie pour la vaincre : c'était
appeler sur le champ de bataille tous les
jeunes gens de la classe moyenne qui n'a-
vaient pas été étiolés par la politesse excessive [1]. Tous les rois de l'Europe se liguèrent
contre le jacobinisme. Alors nous eûmes
l'élan sublime de 1792. Il fallut un surcroît
d'énergie et des hommes d'une classe encore
moins élevée où de très jeunes gens se
trouvèrent à la tête de toutes les affaires [2].
Nos plus grands généraux sortirent du
rang des soldats pour commander, comme
en se jouant, des armées de 100.000 hommes [3]. A ce moment, le plus grand des
annales de la France, la politesse fut
proscrite par des lois. Tout ce qui avait de
la politesse devint justement suspect à un
peuple enveloppé de traîtres et de trahi-
sons, et l'on voit qu'il n'avait pas tant de
torts de penser à la contre-révolution [4].

Mais ce n'est pas avec une loi, et par un

1. MM. Barnave, Mounier, Thibaudeau, Bérenger, Boissy
d'Anglas, les Merlin, etc., etc.
2. Danton, Saint-Just, Collot d'Herbois, d'Eglantine
et toute la canaille si énergique de la Convention et des
Jacobins.
3. Le général Hoche, fils d'une fruitière, Moreau, étudiant en droit.
4. Voir les indices des conspirations de cette époque
dans la *Biographie des Vivants*, par Michaud.

mouvement d'enthousiasme, qu'un peuple
ou un individu peut renoncer à une ancienne habitude. A la chute de la Terreur,
on vit les Français revenir avec fureur
aux plaisirs de société[1]. Ce fut dans les
salons de Barras que Bonaparte entrevit
pour la première fois les plaisirs délicats
et enchanteurs que peut donner une société perfectionnée. Mais, comme cet
esclave qui se présentait au marché
d'Athènes chargé de pièces d'or et sans
monnaie de cuivre, son esprit était d'une
nature trop élevée, son imagination trop
enflammée et trop rapide pour qu'il pût
jamais avoir des succès dans un salon.
D'ailleurs il y arrivait à 26 ans, avec un
caractère formé et inflexible.

A son retour d'Egypte dans les premiers
moments, la cour des Tuileries fut une soirée de *bivouac*. Il y avait la franchise, le
naturel, le manque d'esprit. Mme Bonaparte seule faisait apparaître les grâces,
comme à la dérobée. La société de sa fille
Hortense et sa propre influence adoucirent
peu à peu le caractère de fer du premier
consul. Il admira la politesse et les formes
de M. de Talleyrand. Celui-ci dut à ses manières une liberté étonnante[2].

1. Les bals des victimes, les salons de Tallien.
2. L'anecdote des cerises : « Votre Majesté a les plus belles
cerises de son empire. »

Bonaparte vit deux choses : que s'il voulait être roi, il fallait une cour pour séduire ce faible peuple français sur lequel ce mot cour est tout puissant. Il se vit dans la main des militaires. Une conspiration des gardes prétoriennes pouvait le jeter du trône à la mort [1]. Un entourage de préfets du palais, de chambellans, d'écuyers, de ministres, de dames du palais imposait aux généraux de la garde, qui, eux aussi, étaient français et avaient un respect inné pour le mot cour.

Mais le despote était soupçonneux ; son ministre Fouché avait des espions jusque parmi les maréchales. L'empereur avait cinq polices différentes [2] qui se contrôlaient l'une l'autre. Un mot qui s'écartait de l'adoration, je ne dirai pas pour le despote, mais pour le despotisme, perdait à jamais.

Il avait excité au plus haut degré l'ambition de chacun. Pour un roi qui avait été lieutenant d'artillerie, et avec des maréchaux qui avaient commencé par être ménétriers de campagne ou maîtres d'armes [3], il n'était pas d'auditeur qui ne vou-

---

1. Se rappeler l'admirable conspiration du général Mallet, octobre 1812.

2. Celles du ministre, du premier inspecteur de la gendarmerie, du préfet de police, du directeur général des postes, enfin la police secrète aboutissant directement à l'empereur.

3. Victor, duc de Bellune, ménétrier à Valence. Augereau,

lût devenir ministre [1], pas de sous-lieutenant qui n'aspirât à l'épée de connétable.
Enfin l'empereur voulut marier sa cour en
deux ans. Rien ne rend plus esclave [2] ; et,
cela fait, il voulut des mœurs. La police
intervint d'une façon grossière dans le
malheur d'une pauvre dame de la cour [3].
Enfin cette cour se composait de généraux
ou de jeunes gens qui n'avaient jamais vu
la politesse, dont le règne tomba en 1789 [4].

Il n'en fallait pas tant pour empêcher la
renaissance de l'esprit de société. Il n'y eut
plus de société. Chacun se renferma dans
son ménage ; ce fut une époque de vertu
conjugale.

Un général de mes amis voulait donner
un dîner de vingt couverts. Il va chez Véry
du Palais Royal. Ses ordres écoutés, Véry
lui dit : « Vous savez sans doute, mon général, que je suis obligé de donner avis de

maître d'armes à Naples, protégé par l'ambassadeur Talléyrand qui, au moment des troubles, lui donna vingt-cinq
louis pour venir faire sa fortune en France.

1. A l'exemple de M. Molé.
2. De 1808 à 1810, Il faisait dire à un riche bijoutier de
Paris qui avait trois filles : « Le général N... épouse l'aînée
de vos trois filles à laquelle vous donnez 50.000 écus. » Le
père, éperdu, qui avait quelque accès aux Tuileries, vient
lui demander grâce ; il lui répète les mêmes paroles, ajoutant : « Le général N... ira faire sa cour demain, et épousera
après-demain. » Ce ménage est fort heureux.
3. Mme Rapp.
4. Le ministre Roland allant chez le roi sans boucles à ses
souliers.

votre dîner à la police, pour qu'elle y ait quelqu'un. » Le général est fort étonné et encore plus fâché. Le soir, trouvant le duc d'Otrante à un conseil chez l'empereur, il lui dit : « Parbleu, il est bien fort que je ne puisse pas donner un dîner de vingt personnes sans admettre un de vos gens ! » Le ministre s'excuse, mais ne se relâche point de la condition nécessaire ; le général s'indigne. Enfin Fouché lui dit, comme par inspiration : « Mais, voyons votre liste. » Le général la lui donne. A peine le ministre est-il au tiers des noms, qu'il se met à sourire, et lui rendant la liste : « Il n'est pas besoin que vous invitiez d'inconnus. » Et les vingt invités étaient tous de grands personnages !

Après l'esprit public, ce que le monarque abhorrait le plus, c'était l'esprit de société. Il proscrivit en furieux l'*Intrigante*, comédie d'un auteur vendu à l'autorité[1] : mais on osait plaisanter ses chambellans ; on s'y moquait des dames de la cour qui, sous Louis XV, faisaient des colonels. Ce trait, si éloigné de lui, le choqua profondément : on osait se moquer d'une cour.

Chez un peuple spirituel, où l'on sacrifie gaiement sa fortune au plaisir de dire un bon mot, chaque mois voyait éclore quelque

______

1. Etienne. (*Note de Colomb.*)

trait malin : cela le désolait. Quelquefois
le courage allait jusqu'à la chanson ;
alors il était sombre pour huit jours et
maltraitait les chefs de ses polices [1]. Ce qui
envenimait ce chagrin, c'est qu'il se trouvait fort sensible au plaisir d'avoir une
cour.

Son second mariage découvrit une nouvelle faiblesse dans son caractère. Il était
chatouillé de l'idée que, lui, lieutenant
d'artillerie, était arrivé à épouser la petite-
fille de Marie-Thérèse. La vaine pompe
et le cérémonial d'une cour semblaient
lui faire autant de plaisir que s'il fût né
prince. Il en vint à ce point de folie d'oublier sa première qualité, celle de fils de la
Révolution. Frédéric, roi de Wurtemberg
et véritable roi, lui dit dans un de ces congrès que Napoléon tenait à Paris pour
justifier aux yeux des Français le titre
d'empereur : « Je ne vois pas à votre cour
des noms historiques ; je ferais pendre
tous ces gens-là ou je les mettrais dans
mon antichambre. » C'est peut-être le seul
conseil capital que Napoléon ait jamais

1. La chanson de Michaud :
    Ce héros vaut son pesant d'or,
    En France personne n'en doute,
    Mais il vaudrait bien plus encor
    S'il valait tout ce qu'il nous coûte (*bis*).
La chanson de ce plat Martainville qui lui fit recevoir
des douches à Charenton par la protection spéciale du duc
de Rovigo.

suivi et il le suivit avec un respect bien
ridicule en soi. Aussitôt les cent plus grandes familles de France allèrent prier
M. de Talleyrand de les forcer à entrer
à la cour. L'empereur étonné dit : « J'ai
voulu avoir la jeune noblesse dans mes
armées, je n'en ai pu trouver. »

Napoléon rappela aux grandes familles
qu'elles étaient grandes sans lui ; elles
l'avaient oublié. Mais il était obligé, comme
il l'a avoué depuis, de céder à cette faiblesse avec la plus extrême prudence :
« Car toutes les fois que je touchais cette
corde, les esprits frémissaient comme un
un cheval à qui on serre trop la bride. » Il
choquait la passion unique du peuple
français : la vanité. Tant qu'il n'avait
choqué que la liberté, tout le monde avait
admiré.

Napoléon, pauvre et tout appliqué
à des choses sérieuses dans sa jeunesse,
était cependant bien loin d'être indifférent pour les femmes. Son extérieur
extrêmement maigre, sa petite taille,
sa pauvreté n'étaient pas faits pour lui
procurer de la hardiesse et des succès.
Il fallait là du courage en petits paquets.
Je ne serais pas étonné de penser qu'il
fût timide auprès des femmes. Il craignait leurs plaisanteries ; et cette âme

inaccessible à la crainte, se vengea d'elles, au jour de sa puissance, en exprimant sans cesse et crûment un mépris dont il n'eût pas parlé, s'il eût été réel. Avant sa grandeur, il écrivait à son ami, l'ordonnateur Rey, à propos d'une passion qui captivait Lucien : « Les femmes sont des bâtons boueux ; on ne peut les toucher sans se salir. » Il voulait indiquer, par cette image inélégante, les fautes de conduite où elles entraînent : c'était une prédiction. S'il haïssait les femmes, c'est qu'il craignait souverainement le ridicule qu'elles distribuent. Se trouvant à dîner avec Mme de Staël, qu'il lui eût été si facile de gagner, il s'écria grossièrement qu'il n'aimait que les femmes qui s'occupent de leurs enfants. Il voulut avoir et il eut, dit-on, par son valet de chambre Constant [1], presque toutes les femmes de sa cour. Une d'elles, nouvellement mariée, le second jour qu'elle parut aux Tuileries, disait à ses voisines : « Mon Dieu, je ne sais pas ce que l'empereur me veut ; j'ai reçu l'invitation de me trouver à huit heures dans les petits appartements. » Le lendemain, les dames lui demandant si elle avait vu l'empereur, elle rougit extrêmement.

---

1. Exactement traduit des ouvrages de Goldsmith.

L'empereur assis à une petite table, l'épée au côté, signait des décrets. La dame entrait ; il la priait de se mettre au lit, sans se déranger. Bientôt il la reconduisait lui-même avec un bougeoir et se remettait à lire ses décrets, à les corriger, à les signer. L'essentiel de l'entrevue ne durait pas trois minutes. Souvent son mameluck se trouvait derrière un paravent [1]. Il eut seize entrevues de ce genre avec Mlle George, et, à l'une d'elles, lui donna une poignée de billets de banque. Il s'en trouva quatre-vingt-seize. Cela fut arrangé par le valet de chambre Constant ; quelquefois il priait la dame d'ôter sa chemise et, sans se déranger, la renvoyait.

Par cette conduite, l'empereur désespéra les femmes de Paris. Les renvoyer au bout de deux minutes pour signer ses décrets, souvent ne pas même quitter son épée, leur parut atroce. C'était leur faire mâcher le mépris. Il eût été plus aimable que Louis XIV, s'il eût voulu se donner la moindre apparence d'une maîtresse et lui jeter deux préfectures, vingt brevets de capitaines et dix places d'auditeurs à distribuer. Qu'est-ce que cela lui faisait ?

1. Ce mameluck et Constant ont eu vingt mille livres de rente de leur maître, ont été ingrats et ne l'ont pas même suivi à l'île d'Elbe. Ils jouissent de leur fortune à Paris.

Ne savait-il pas que, sur les présentations de ses ministres, il nommait quelquefois les protégés de leurs maîtresses ?

Il fut dupe de l'apparence de faiblesse. C'était comme celle pour la religion ; un politique devait-il nommer faiblesse ce qui lui eût donné toutes les femmes ? Il n'y eût pas eu tant de mouchoirs blancs à l'entrée des Bourbons.

Mais il haïssait, et la crainte ne raisonne pas. La femme d'un de ses ministres commet une faute unique ; il a la barbarie de le lui dire. Ce pauvre homme, qui adorait sa femme, tombe évanoui. « Et vous, Maret, croyez-vous n'être pas c... ? Votre femme a eu mercredi dernier le général Pir. »

Rien n'était plus insipide, et, l'on peut dire, plus bête, que ses questions aux femmes dans les bals que donnait la ville. Cet homme charmant avait alors le ton sombre et ennuyé. « Comment vous appelez-vous ? Que fait votre mari ? Combien avez-vous d'enfants ? » Quand il voulait combler la mesure de la distinction, il passait à la quatrième question : « Combien avez-vous de fils ? »

Pour les dames de la cour, le comble de la faveur était d'être invitées au cercle de l'impératrice. Lors de l'incendie chez le prince Schwartzemberg, il voulut ré-

compenser quelques dames qui avaient
fait voir de la générosité dans ce grand
danger qui se montrait tout-à-coup, au
milieu des agréments d'un bal.

Le cercle commença à huit heures à
Saint-Cloud et se trouva composé, outre
l'empereur et l'impératrice, de sept dames
et de MM. de Ségur, de Montesquiou et de
Beauharnais. Les sept dames, dans une
assez petite pièce et en très grand habit
de cour, étaient rangées contre le mur,
l'empereur auprès d'une petite table regardant des papiers. Au bout d'un quart
d'heure de profond silence il se leva et
dit : « Je suis las de travailler ; qu'on
fasse entrer Costaz ; je verrai les plans
des palais. »

Le baron Costaz, le plus boursouflé
des hommes, entre avec des plans sous
le bras. L'empereur se fait expliquer
les dépenses à faire l'année suivante à
Fontainebleau qu'il voulait achever en
cinq ans. Il lit d'abord le projet, s'inter-
rompant pour faire des observations à
M.Costaz. Il ne trouve pas justes les calculs
de remblais qu'a faits celui-ci pour un
étang qu'on voulait combler. Le voilà
qui se met à faire des calculs sur la marge
du rapport ; il oublie de mettre du sable
sur ses chiffres ; il les efface et se barbouille.
Il se trompe ; M. Costaz lui rappelle les

sommes de mémoire. Pendant ce temps,
deux ou trois fois, il se tourne vers l'impératrice : « Hé bien, ces dames ne disent
rien ! » Alors on chuchote deux ou trois
mots à voix très basse sur les talents
universels de Sa Majesté, et le silence
le plus profond recommence. Trois quarts
d'heure se passent, l'empereur se retourne
encore : « Mais ces dames ne disent rien ;
ma chère amie, demande un loto. » L'on
sonne ; le loto arrive ; l'empereur continue
à calculer. Il s'est fait donner une feuille
de papier blanc et a recommencé tous les
calculs. De temps en temps, sa vivacité
l'emporte ; il se trompe et se fâche. Dans
ces moments difficiles, un des hommes qui
tirent les numéros du sac, baisse encore
plus la voix. Sa voix n'est plus qu'un
remuement de lèvres. A peine les dames
qui l'entourent peuvent deviner les numéros qu'il appelle. Enfin dix heures
sonnent ; le triste loto est interrompu
et la soirée finit. Autrefois l'on serait venu
à Paris dire qu'on revenait de Saint-
Cloud. Cela ne suffit plus aujourd'hui ;
une cour est une chose bien difficile à
créer.

L'empereur eut un bonheur singulier :
sa bonne étoile lui fit rencontrer un personnage unique pour être à la tête d'une
cour. C'était le comte de Narbonne,

doublement fils de Louis XV [1]. Il voulut
le faire chevalier d'honneur de l'impératrice Marie-Louise. Cette princesse eut le
courage bien étonnant de lui résister :
« Je n'ai pas à me plaindre du chevalier
d'honneur actuel, comte de Beauharnais.
— Mais il est si bête ! — C'est une réflexion
que Votre Majesté pouvait faire en le
nommant. Mais une fois qu'il a été admis
à mon service, il n'est pas convenable
qu'il en sorte sans motif et surtout qu'il
en sorte sans moi. »

L'empereur n'eut pas l'esprit de dire
au comte de Narbonne : « Voilà cinq
millions pour un an, et un pouvoir absolu
dans le département des niaiseries ; faites-
moi une cour aimable. » La seule présence
de cet homme charmant eût suffi. L'empereur aurait dû au moins se faire composer par lui des réparties aimables. Le
ministre de la police ne demandait qu'un
mot à pouvoir porter aux nues. Bien
loin de là, l'empereur semblait prendre
à tâche de former sa cour des plus ennuyeu-
ses figures du monde. Le prince de Neuchâtel, grand écuyer, était nul pour la
société, où il portait presque toujours
une humeur bourrue. M. de Ségur avait

1. Celui qui, comme ministre de la guerre, déclara la
guerre à tout le monde au commencement de la Révolution,
et faisait ses tournées militaires suiv de Mme de Staël.

été aimable [1] ; on ne pouvait pas certes
en dire autant de MM. de Montesquiou,
de Beauharnais, de Turenne, ni même de ce
pauvre Duroc qui, à ce qu'on croit, tutoyait
l'empereur dans le particulier. Rien de
plus insipide que la tourbe des écuyers
et des chambellans. De ceux-ci on n'en
voyait guère qu'une douzaine dans l'antichambre des palais et toujours les mêmes
figures, et il n'y avait rien là qui pût
rompre l'ennui de la cour. Je ne serais pas
étonné que l'empereur, totalement étranger à l'esprit amusant, n'eût [eu] de
l'éloignement pour les gens de ce caractère,
si indispensables dans une cour, si l'on
veut que la cour rivalise avec la ville.
Tous les hommes de la cour de Saint-
Cloud étaient les plus honnêtes gens du
monde. Il n'y avait nulle noirceur dans
cette cour dévorée d'ambition ; il n'y
avait que de l'ennui, mais il était assommant. L'empereur n'était jamais qu'un
homme de génie. Il n'était pas dans sa
nature de pouvoir s'amuser. Un spectacle l'ennuyait, ou il le goûtait avec une

---

1. Il fut chargé par le maître de composer l'étiquette
du palais impérial, volume de 306 pages, chez Galand, 1808,
et d'injurier la philosophie à l'Institut le jour de la réception
du comte de Tracy. Il était plaisant de voir avec quelle
hauteur de phrases le grand chambellan gourmandait cette
pauvre philosophie. En 1817, n'ayant pas de place, le grand
chambellan s'est fait libéral *.

* *True, but supprimer.*

telle passion, que l'écouter et en jouir devenait pour lui le plus occupant des travaux. Ainsi, fou de plaisir après avoir entendu Crescentini chanter *Roméo et Juliette* et l'air *Ombra adorata, aspetta*, il ne sortit de son transport que pour lui envoyer la couronne de fer. De même quelquefois, quand Talma jouait Corneille, de même quand Napoléon lisait Ossian, de même quand il faisait jouer quelques vieilles contredanses aux soirées de la princesse Pauline ou de la reine Hortense et qu'il se mettait à danser de tout son cœur. Jamais le sang-froid nécessaire pour être aimable ; en un mot, Napoléon ne pouvait pas être Louis XV.

Comme les arts ont fait d'immenses progrès pendant la Révolution et depuis la chute de la fausse politesse, et que l'empereur avait fort bon goût et voulait qu'on mangeât tout l'argent qu'il distribuait en appointements ou gratifications, les fêtes qu'on donnait aux Tuileries ou à Saint-Cloud étaient charmantes. Il n'y manquait que des gens amusables. Il n'y avait pas moyen d'avoir de l'aisance et de l'abandon ; on était trop dévoré par l'ambition, par la crainte ou l'espérance d'un succès. Sous Louis XV, la carrière d'un homme était faite d'avance ; il fallait de l'extraordinaire pour y déran-

ger quelque chose. La jolie duchesse de
Bassano donne des bals qui prennent
fort bien. Les deux premiers sont jolis ;
le troisième est divin. L'empereur la trouve
à Saint-Cloud, lui dit qu'il ne convient
pas qu'un ministre donne des bals en
frac, et, enfin, la fait pleurer.

On voit que chez les grands de la cour,
la société ne pouvait durer qu'autant
qu'elle se constituait en un état perpétuel
de contrainte, d'insipidité et de réserve.
Les plus grands ennemis étaient mis en
présence. Il n'y avait point de société
particulière.

La bassesse des courtisans ne se trahis-
sait pas par des mots aimables comme
sous Louis XV.

Le comte Laplace, chancelier du Sénat,
fait une scène à sa femme parce qu'elle
ne se pare pas assez pour aller chez l'impératrice. Cette pauvre femme, très coquette
achète une robe charmante, et si charmante, que, malheureusement, elle frappe
la vue de l'empereur, qui vient à elle tout
droit en entrant, et devant deux cents
personnes, lui dit : « Comme vous voilà
mise, Madame Laplace ! mais vous êtes
vieille ! il faut laisser ces robes-là aux
jeunes femmes ; cela ne convient plus à
celles de votre âge. »

Malheureusement, Mme Laplace, connue

par ses prétentions, se trouvait dans ce moment difficile où il ne tiendrait qu'à une jolie femme de n'être plus jeune. Cette pauvre femme rentre chez elle désespérée. Les sénateurs ses amis, sans lui rappeler le mot cruel, sont prêts, tant la chose était choquante, à trouver tort au maître, quand elle en parlera. Arrive M. de Laplace qui lui dit : « Mais, Madame, quelle idée d'aller prendre une robe de jeune fille ! Vous ne voulez pas absolument vieillir... mais vous n'êtes plus jeune... l'empereur a raison. » Pendant huit jours on ne parla que de ce trait de courtisan, et il faut convenir qu'il n'est pas gracieux et qu'il ne fît honneur ni au maître, ni au valet.

CHAPITRE LIII

DE L'ARMÉE

LES choix que Napoléon faisait dans ses revues continuelles et en consultant les soldats et l'opinion publique dans le régiment, étaient excellents ; ceux du prince de Neuchâtel, fort mauvais [1]. L'esprit était un titre d'exclu-

1. En face de ce passage Stendhal a tracé ces mots : « Le prince de Neufchâtel avait toutes les qualités morales qui font l'honnête homme, mais il est permis de mettre en doute ses talents. »

Puis à la fin du manuscrit, parmi les fragments à placer, ce jugement : « Le prince de Neufchâtel, élevé à Versailles dans les grades subalternes de la cour, et fils d'un homme qui était parvenu par la géographie à plaire à Louis XV, n'eut jamais rien de l'enthousiasme républicain qui avait enflammé la jeunesse de la plupart de nos généraux. C'était un produit très complet de l'éducation de la cour de Louis XVI ; un très honnête homme qui haïssait tout ce qui portait un caractère de générosité ou de grandeur. C'était l'homme de l'armée le moins fait pour comprendre le caractère tout romain de Napoléon ; aussi, s'il plaisait au despote par ses habitudes de cour, il blessait sans cesse le grand homme par ses sentiments de l'Ancien Régime. Quand il fut major-général et prince, il délibéra longtemps sur la forme de salut qu'il mettrait à la fin de ses lettres. On sut que ses flatteurs faisaient de profondes recherches à la Bibliothèque ; mais aucun de leurs projets ne lui parut convenable ; il finit par décider qu'il terminerait ses lettres sans aucun salut et par son nom de prince Alexandre. Du reste il eut toutes les vertus

sion ; encore plus, le moindre sentiment généreux d'enthousiasme pour la patrie.

Cependant il est évident que la bêtise n'était nécessaire que dans les officiers de la garde qui devaient surtout n'être pas gens à se laisser émouvoir par une proclamation. Il ne fallait là que des instruments aveugles de la volonté de Mahomet.

La voix publique appelait à la place de major général le duc de Dalmatie ou le comte de Lobau. Le prince de Neuchâtel en eût été plus content qu'eux. Il était excédé des fatigues de sa place, et, pendant des journées entières, mettait les pieds sur son bureau et, se renversant dans son fauteuil, ne répondait qu'en sifflant à tous les ordres qu'on pouvait lui demander.

Ce qu'il y avait de divin dans l'armée française, c'étaient les sous-officiers et les soldats. Comme il en coûtait fort cher pour se faire remplacer à la conscription, on avait tous les enfants de la petite bourgeoisie ; et, grâce aux écoles centrales, ils avaient lu l'*Émile* et les *Commentaires* de César. Il n'y avait pas de sous-lieutenant qui ne crût fermement qu'en se battant bien et ne rencontrant pas de

privées ; il ne fut médiocre que comme prince et comme général. Quoique un peu brusque, il était agréable en société».
*N. D .L. E .

boulet, il ne devînt un jour maréchal
d'Empire. Cette heureuse illusion durait
jusqu'au grade de général de brigade.
On s'apercevait alors, dans l'antichambre
du prince vice-connétable, qu'à moins
de faire une belle action immédiatement
sous les yeux du grand homme, il n'y
avait d'espoir que dans l'intrigue. Le major
général s'environnait d'une espèce de
cour, pour tenir à distance les maréchaux
qu'il sentait valoir mieux que lui. Le
prince de Neuchâtel comme major général
avait l'avancement de toutes les armées
hors de France. Le ministre de la guerre ne
s'occupait que de l'avancement des militaires employés en France, où il était de
règle qu'on n'avançait qu'aux coups de
fusil. Un jour dans un conseil des ministres
du cabinet, le respectable général Dejean,
le ministre de l'intérieur, le général
Gassendi et plusieurs autres se réunissaient pour supplier l'empereur de faire
chef de bataillon un capitaine d'artillerie
qui avait rendu les plus grands services
dans l'intérieur. Le ministre de la guerre
rappelait que, depuis quatre ans, Sa
Majesté avait effacé trois fois le nom de
cet officier dans les décrets d'avancement.
Tous avaient quitté le ton officiel pour
supplier l'empereur : « Non, Messieurs,
jamais je ne consentirai à avancer un offi-

cier qui n'a pas été au feu depuis dix ans, mais on sait assez que j'ai un ministre de la guerre qui me surprend des signatures. » Le lendemain l'empereur signait, sans le lire, le décret qui nommait ce brave homme chef de bataillon.

A l'armée, après une victoire ou après un simple avantage remporté par une division, l'empereur passait toujours une revue. Après avoir passé dans les rangs, accompagné du colonel, et parlé à tous les soldats qui s'étaient distingués, il faisait battre un ban ; les officiers se réunissaient autour de lui. Là, si un chef d'escadron avait été tué, il demandait tout haut : « Quelle est le plus brave capitaine ? » Là, dans la chaleur de l'enthousiasme pour la victoire et pour le grand homme, les âmes étaient sincères, les réponses étaient loyales. Si le plus brave capitaine n'avait pas assez de moyens pour être chef d'escadron, il lui donnait un avancement dans la Légion d'Honneur, et revenant à la question, demandait : « Après un tel, quel est le plus brave ? » Le prince de Neuchâtel tenait note avec un crayon des promotions ; et aussitôt l'empereur passé à un autre régiment, le commandant de celui qu'il venait de quitter faisait reconnaître dans leurs grades les nouveaux officiers.

Dans ces moments, j'ai vu souvent les soldats pleurer de tendresse pour le grand homme. Au moment même d'une victoire, le grand vainqueur envoyait des listes de trente ou quarante personnes pour des croix ou des grades, listes qui ordinairement étaient signées en original et qui par conséquent existent encore, souvent écrites au crayon sur le champ de bataille, dans les archives de l'Etat, et qui seront un jour, après la mort de Napoléon, un monument touchant pour l'histoire. Rarement, quand le général n'avait pas l'esprit de faire une liste, l'empereur employait la mauvaise forme de dire : « J'accorde deux croix d'officier et dix de légionnaire à tel régiment. » Cette forme ne va pas avec la gloire.

Quand il visitait les hôpitaux, des officiers amputés et expirants, leur croix rouge piquée avec une épingle à leur bois de lit, se hasardaient de lui demander la couronne de fer, et il ne l'accordait pas toujours. C'était le comble de la distinction.

Le culte de la gloire, l'imprévu, un entier enthousiasme de gloire qui faisait qu'un quart d'heure après l'on se faisait tuer avec plaisir, tout éloignait l'intrigue.

CHAPITRE LIV

Au reste l'esprit de l'armée a varié : farouche, républicaine, héroïque à Marengo, elle devint de plus en plus égoïste et monarchique. A mesure que les uniformes se brodèrent et se chargèrent de croix, ils couvrirent des cœurs moins généreux. On éloigna ou on laissa languir tous les généraux qui se battaient par enthousiasme (le général Desaix, par exemple). Les intrigants triomphèrent, et, parmi ceux-ci, l'empereur n'osait pas punir les fautes. Un colonel qui fuyait, ou se laissait choir dans un fossé toutes les fois que son régiment allait au feu, était fait général de brigade et envoyé dans l'intérieur. L'armée était si égoïste et si corrompue à la campagne de Russie, qu'elle fut presque sur le point de mettre le marché à la main de son général[1]. D'ailleurs les inepties du major général[2],

---

1. Marché à la main, cela ne me semble pas exact ; peut-être que j'ai oublié le fait.
2. Prudence ; remplacer *ineptics* par *erreurs*.

l'insolence de la garde, pour qui étaient
toutes les préférences [1], et qui, depuis
longtemps, ne se battait plus, étant la
réserve éternelle de l'armée, aliénaient
bien des cœurs à Napoléon. La bravoure n'était diminuée en rien (il est
impossible que le soldat d'un peuple
vaniteux ne se fasse pas tuer mille fois
pour être le plus brave de la compagnie),
mais le soldat, n'ayant plus de subordi-
nation, manquait de prudence et détrui-
sait ses forces physiques avec lesquelles
seules le courage pouvait tomber.

Un colonel de mes amis me racontait,
en allant en Russie, que, depuis trois ans,
il avait vu passer 36.000 hommes dans
son régiment. Chaque année, il y avait
moins d'instruction, moins de discipline,
moins de patience, moins d'exactitude
dans l'obéissance. Quelques maréchaux,
comme Davout et Suchet, soutenaient
encore leurs corps d'armée. La plupart
semblaient se mettre à la tête du désordre.
L'armée ne savait plus faire masse. De là
les avantages que les Cosaques, de misérables paysans mal armés, étaient destinés
à remporter sur la plus brave armée de
l'univers. J'ai vu vingt-deux Cosaques,

---

1. Ordre du jour à Moscou vers le 10 octobre pour les
sous-officiers et soldats qui ne se sentaient pas la force de
faire dix lieues par jour.

dont le plus âgé n'avait que vingt ans et deux ans de service, mettre en désordre et en fuite un convoi de cinq cents Français, et cela dans la campagne de Saxe en 1813[1]. Ils n'auraient rien fait contre l'armée républicaine de Marengo. Mais comme une telle armée ne se retrouvera plus, le souverain qui est maître des cosaques est le maître du monde[2].

1. Près de Gorlitz, à vingt pas de la maison où venait d'expirer le duc de Frioul.

2. Voir le voyage à Vienne en 1809 par M. Cadet-Gassicourt. Ce n'est pas une plume vendue.

Ceci est la liaison des chapitres du Conseil d'Etat et de la Cour avec le cours des événements.

CHAPITRE LV

QUAND l'empereur entreprit la guerre
de Russie, elle était populaire en
France, depuis que la faiblesse de
Louis XV avait laissé partager la Pologne.
La France restant avec la même population au milieu de souverains qui, tous,
augmentaient la leur, il fallait tôt ou tard
qu'elle reprît la première place, ou qu'elle
fût réduite à la seconde. Il fallait à tous
les souverains une guerre heureuse avec
la Russie pour lui ôter les moyens d'enva-
hir le Midi de l'Europe. N'était-il pas
naturel de profiter du moment où un grand
homme de guerre occupait le trône de
France et compensait les immenses désa-
vantages de ce pays ?

Outre ces raisons générales, la guerre
de 1812 était une conséquence naturelle
du traité de Tilsitt ; et Napoléon avait la
justice de son côté. La Russie, qui avait
promis d'exclure les marchandises anglaises, ne put pas remplir son engagement.
Napoléon arma pour la punir de la violation d'un traité auquel elle devait son
existence, que Napoléon aurait pu dé-

truire à Tilsitt. Désormais les souverains sauront qu'il ne faut jamais épargner un souverain vaincu.

CHAPITRE LVI[1]

Il y a un peu plus d'un siècle que le sol sur lequel est bâti Pétersbourg, la plus belle des capitales, n'était encore qu'un marais désert, et que toute la contrée environnante était sous la domination de la Suède, alors alliée et voisine de la Pologne, royaume de dix-sept millions d'habitants. La Russie a toujours cru, depuis Pierre le Grand, qu'elle serait, en 1819, la maîtresse de l'Europe, si elle avait le courage de vouloir, et l'Amérique est désormais la seule puissance qui puisse lui résister. On dira que c'est apercevoir les choses de loin ; voyez l'espace que nous avons parcouru depuis la paix de Tilsitt en 1807. Dès l'époque de cette paix tous les militaires prédirent que, s'il y avait jamais lutte entre la Russie et la France, cette lutte serait décisive pour un des deux pays ; et ce n'était pas la France qui avait les plus belles chances. Sa supériorité apparente tenait à la vie d'un homme. La

1. Après M. Royer, nous reprenons ce chapitre dans la correspondance où Colomb l'avait inséré à la date, où sans doute il fut écrit, du 18 août 1818. N. D. L. E.

force de la Russie croissait rapidement, et tenait à la force des choses ; de plus, la Russie était inattaquable. Il n'y a qu'une barrière contre les Russes : c'est un climat très chaud. En trois ans ils ont perdu par les maladies, à leur armée de Moldavie, trente-six généraux et cent vingt mille hommes.

Napoléon eut donc toute raison de chercher à arrêter la Russie tandis que la France avait un grand homme pour souverain absolu. Le roi de Rome, né sur le trône, n'eût probablement pas été un grand homme et encore moins un souverain despotique. Le sénat et le corps législatif devaient tôt ou tard prendre de la vigueur et certainement l'influence de l'empereur des Français serait tombée, à la mort de Napoléon, en Italie et en Allemagne. Rien ne fut donc plus sage que le projet de guerre contre la Russie, et, comme le premier droit de tout individu est de se conserver, rien ne fut plus juste.

La Pologne, par ses relations avec Stockholm et Constantinople, était, pour le midi de l'Europe, un boulevard formidable. L'Autriche et la Prusse eurent la sottise, et Louis XV l'ineptie, de prêter les mains à la destruction du gage unique de leur sûreté future. Napoléon dut chercher à rétablir ce boulevard.

Peut-être l'histoire le blâmera-t-elle d'avoir fait la paix à Tilsitt; s'il pouvait faire autrement, ce fut une grande faute. Non seulement l'armée russe était affaiblie et épuisée, mais Alexandre avait vu ce qui manquait à son organisation.

« J'ai gagné du temps », dit-il après Tilsitt, et jamais délai n'a été mieux mis à profit. En cinq ans, l'armée russe déjà si brave, fut organisée presque aussi bien que la française, et avec cet immense avantage qu'un soldat français coûte autant à sa patrie que quatre soldats russes.

Toute la noblesse russe est engagée, de près ou de loin, dans l'intérêt commercial qu'exige la paix avec l'Angleterre. Quand son souverain la contrarie, elle le fait disparaître. La guerre avec la France était donc également indispensable du côté de la Russie.

La guerre étant indispensable, Napoléon eut-il raison de la faire en 1812 ? Il craignait que la Russie ne fît la paix avec la Turquie, que l'influence de l'Angleterre à Saint-Pétersbourg n'augmentât, et qu'enfin ses revers en Espagne, qu'il ne pouvait plus tenir cachés, n'encourageassent ses alliés à reconquérir leur indépendance.

Plusieurs des conseillers de Napoléon lui représentèrent qu'il serait prudent d'envoyer quatre-vingt mille hommes de plus en Espagne pour en finir de ce côté-là, avant de *s'enfourner dans le Nord* (ce sont les paroles dont ils se servirent). Napoléon répondit qu'il était plus raisonnable de laisser l'armée anglaise en Espagne. « Si je les chasse de la péninsule, ils viendront débarquer à Königsberg. »

Le 24 juin 1812, Napoléon passa le Niemen à Kowno, à la tête d'une armée de quatre cent mille hommes. C'était le midi de l'Europe qui cherchait à écraser son maître futur. Cette campagne commença par deux malheurs politiques. Les Turcs, aussi stupides qu'honnêtes gens, firent la paix avec la Russie, et la Suède jugeant sagement sa position, se déclara contre la France.

Après la bataille de la Moskowa, Napoléon pouvait faire prendre son quartier d'hiver à l'armée et rétablir la Pologne, ce qui était le véritable but de la guerre ; il y était parvenu presque sans coup férir. Par vanité et pour effacer ses malheurs en Espagne, il voulut prendre Moscou. Cette imprudence n'aurait été suivie d'aucun inconvénient s'il ne fût resté que vingt jours au Kremlin ; mais son génie politique, toujours si médiocre, lui apparut et lui fit perdre son armée.

Arrivé à Moscou le 14 septembre 1812, Napoléon aurait dû en partir le 1er oc-

tobre. Il se laissa leurrer de l'espoir de
faire la paix ; l'héroïque brûlement de
Moscou [1], s'il l'eût évacué, devenait alors
ridicule.

Vers le 15 octobre, quoique le temps fût
superbe et qu'il ne gelât encore qu'à trois
degrés, tout le monde comprit qu'il était
plus que temps de prendre un parti ; il
s'en présentait trois :

Se retirer à Smolensk, occuper la ligne
du Borysthène et réorganiser la Pologne.

Passer l'hiver à Moscou, en vivant avec
ce qu'on avait trouvé dans les caves, et
sacrifiant les chevaux qu'on aurait salés ;
au printemps, marcher sur Pétersbourg.

Troisièmement enfin, comme l'armée
russe, qui avait beaucoup souffert le 7 septembre [2], se trouvait éloignée sur la gauche,
faire une marche de flanc sur la droite,
arriver à Pétersbourg qu'on trouvait sans
défense et sans nulle envie de se brûler.
C'est dans cette position que la paix était
certaine. Si l'armée française avait eu
l'énergie de 1794, on aurait pris ce dernier
parti ; mais la seule proposition aurait
fait frémir nos riches maréchaux et nos
élégants généraux de brigade sortant de
la cour.

1. L'incendie de Moscou commença dans la nuit du 14
au 15 septembre.
2. A Borodino.

Un inconvénient de ce projet, c'est qu'il fallait rester comme séparé de la France pendant cinq mois, et la conspiration Malet a montré à quelles gens le gouvernement était confié, en l'absence d'un maître jaloux. Si le sénat ou le corps législatif avait été quelque chose, l'absence du chef n'aurait pas été fatale. Dans la marche de Moscou à Pétersbourg, tout le flanc gauche eût été libre, et Napoléon pouvait, un mois de suite, envoyer chaque jour un courrier et gouverner la France. Marie-Louise régente, Cambacérès chef du civil et le prince d'Eckmühl du militaire, et tout marchait. Ney ou Gouvion Saint-Cyr à Mitau et Riga pouvaient faire passer un ou deux courriers par mois ; Napoléon lui-même pouvait visiter Paris, car une armée russe en Russie, est nécessairement immuable pendant trois mois. L'homme ne peut se conserver dans ces froids terribles qu'en passant dix heures chaque jour auprès d'un poêle ; et l'armée russe est arrivée à Vilna aussi détruite que la nôtre.

Des trois partis à prendre, on choisit le plus mauvais, mais ce n'était rien encore : on l'exécuta de la manière la plus absurde, Napoléon n'étant plus le général de l'armée d'Egypte.

L'armée avait souffert dans sa discipline par le pillage qu'il avait bien fallu lui permettre à Moscou, puisqu'on ne lui faisait point de distribution. Rien n'est dangereux, avec le caractère français, comme une retraite ; et c'est dans les dangers qu'on a besoin de discipline, c'est-à-dire de force.

Il fallait annoncer à l'armée, par une proclamation détaillée, qu'elle se rendait à Smolensk ; qu'elle avait ainsi quatre-vingt-treize lieues à faire en vingt-cinq jours, que chaque soldat recevrait deux peaux de moutons, un fer à cheval et vingt clous à glace, plus quatre biscuits ; que chaque régiment ne pourrait avoir que six voitures et cent chevaux de bât ; qu'enfin, pendant vingt-cinq jours, toute insubordination serait punie de mort ; tous les colonels et généraux, assistés de deux officiers, recevraient le droit de faire fusiller sur place tout soldat insubordonné ou maraudeur.

Il fallait préparer l'armée au départ par huit jours de bonne nourriture avec distribution d'un peu de vin et de sucre. Les estomacs avaient beaucoup souffert dans la marche de Vitebsk à Moscou car, à force d'imprévoyance, on avait trouvé le secret de manquer de pain en Pologne.

Enfin, toutes ces précautions prises, il fallait regagner Smolensk en évitant le plus possible la route qu'on avait dévastée

en venant à Moscou, et dont les Russes
avaient brûlé toutes les villes : Mojaisk,
Giatsk, Wiasma, Dorogobouj, etc...

Sur tous ces points, on fit exactement
le contraire de ce que la prudence ordonnait. Napoléon, qui n'osait plus faire
fusiller un soldat, se garda bien de parler
de discipline. L'armée, à son retour de
Moscou à Smolensk, était précédée de
trente mille fuyards prétendus malades,
mais se portant fort bien les dix premiers
jours. Ces gens gaspillaient et brûlaient ce
qu'ils ne consommaient pas. Le soldat
fidèle à son drapeau se trouva faire un
métier de niais. Or, comme c'est là ce que
le Français abhorre par-dessus tout, il
n'y eut bientôt plus, sous les armes, que
les soldats à caractère héroïque et les
nigauds.

Les soldats m'ont souvent répété dans
la retraite, mais je ne puis le croire, car je
ne l'ai pas vu, que, par un ordre du jour
donné à Moscou, vers le 10 octobre, le
prince de Neuchâtel avait autorisé tous
les soldats qui ne se sentaient pas bien
portants pour faire dix lieues par jour, à
prendre les devants. Aussitôt les têtes
se montèrent, et les soldats se mirent à
calculer le nombre de jours de marche qu'il
fallait pour se rendre à Paris.

CHAPITRE LVII

NAPOLÉON disait : « Si je réussis avec la Russie, je suis maître du monde. » Il se laissa vaincre, non par les hommes, mais par son orgueil et par le climat [1] ; et l'Europe prit une nouvelle attitude. Les petits princes ne tremblaient plus, les grands souverains n'étaient plus incertains ; tous levèrent les yeux vers la Russie ; elle devenait le centre d'une opposition invincible.

Les ministres anglais n'avaient pas calculé cette chance, ces ministres qui n'ont d'influence que parce qu'ils profitent de la liberté qu'ils abhorrent. La Russie partira du point où ils l'ont mise pour recommencer Napoléon et d'une manière bien plus invincible, car elle ne sera pas viagère : nous verrons les Russes dans l'Inde.

En Russie, personne n'en est encore à s'étonner du despotisme. Il se confond avec

---

1. Il ne faut pas se figurer que l'hiver ait été précoce, au contraire ; à Moscou, il faisait le plus beau temps du monde. Quand nous en partions, le 19 octobre, il gelait à trois degrés avec un soleil superbe.

la religion ; et, comme il est exercé par le plus doux et le plus aimable des hommes, il ne choque que quelques têtes philosophiques qui vont voyager. Les soldats russes ne remuent pas avec des proclamations ou des croix, mais par l'ordre de saint Nicolas. Le général Masséna racontait devant moi qu'un Russe, qui voit tomber son camarade, persuadé qu'il va ressusciter dans son pays, se penche vers lui pour lui recommander de donner de ses nouvelles à sa mère. La Russie, comme les Romains [1], a des soldats superstitieux, commandés par des officiers aussi civilisés que nous [2].

Napoléon sentait bien que le courant des siècles venait de changer de direction lorsqu'il disait à Varsovie : « Du sublime au ridicule il n'est qu'un pas », mais il ajoutait : « Le succès donnera de la témérité aux Russes ; je leur livrerai deux ou trois batailles entre l'Elbe et l'Oder, et, dans six mois, je serai encore sur le Niemen. »

Les batailles de Lutzen et de Wurtschen furent le dernier effort d'un grand peuple dont le cœur est dévoré par la découra-

1. Montesquieu : Religion des Romains.
2. Voir le pamphlet de sir Robert Wilson, 1817. En 1810 et 1811, le ministre de la guerre russe faisait traduire et mettre en pratique toutes les ordonnances militaires de Napoléon.

geante tyrannie. A Lutzen, 150.000 soldats des cohortes qui n'avaient jamais vu
le feu, combattirent pour la première fois.
Ces jeunes gens restèrent ahuris de la vue
du carnage. La victoire n'avait mis aucune
gaîté dans l'armée. L'armistice était nécessaire.

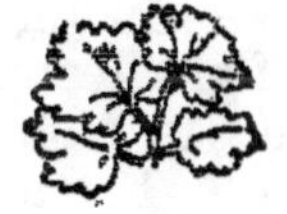

CHAPITRE LVIII

LE 26 mai 1813, Napoléon était à Breslau.
Là, il fut triplement téméraire :
il compta trop sur son armée, trop
sur l'idiotisme des cabinets étrangers, trop
sur l'amitié des souverains. Il avait créé
et sauvé la Bavière, l'empereur d'Autriche
était son beau-père et l'ennemi naturel
de la Russie. Il fut la dupe de ces deux
phrases.

Il fallait profiter du moment de relâche
pour épuiser à fond les pays conquis et,
dix jours avant la fin de l'armistice,
prendre position à Francfort-sur-le-Mein.
Toute la campagne de Russie était réparée ;
c'est-à-dire, en ce qui concerne la France,
l'empire n'aurait pas été démembré ;
mais Napoléon n'avait plus d'influence
au delà de l'Elbe, que comme le plus grand
prince de l'Europe.

L'expédition de Silésie, mal à propos
confiée au maréchal Mac Donald, qui n'est
connu que par des revers ; la bataille de
Dresde, l'abandon du corps du maréchal
Saint-Cyr, les batailles de Leipzig, la ba
taille de Hanau, tout cela, amas de fautes

énormes [1] qui ne peuvent être commises
que par le plus grand homme de guerre qui
ait paru depuis César [2].

Quant à la paix qu'on ne cessait de lui
offrir, le temps nous apprendra s'il y avait
dans tout cela quelque chose de sincère [3].
Pour moi, je crois à la sincérité des cabinets
à cette époque, parce que je crois à leur
peur. Au reste, l'esprit qui sert à acquérir
n'est pas le même que celui qui sert à
conserver. Si, le lendemain de la paix de
Tilsitt, tout le génie de Napoléon se fût
converti en simple bon sens, il serait
encore le maître de la plus belle partie
de l'Europe.

Mais vous, lecteur, vous n'auriez pas
la moitié des idées libérales qui vous agi-
tent, vous brigueriez une place de chambellan, ou, petit officier de l'armée, à force
de vous montrer le séide de l'empereur,
vous chercheriez à monter d'un grade.

1. Colère de Napoléon après la capitulation de Dupont.
Conseil où était M. de Saint-Vallier. Il secoue les fenêtres
aux Tuileries. Il marche à grands pas.
2. Il y a un homme qui peut être excellent historien
militaire de ces grands événements, c'est le libérateur du
comte Lavalette, le général Robert Wilson. Je pense que dans
toute la partie militaire, les mémoires de Napoléon seront
parfaitement exacts.
3. Voir la négociation de Prague dans les *Moniteurs* des
premiers jours d'août 1813 et l'*Annual Register* d'Edim-
bourg.

CHAPITRE LIX

A Dresde, après la bataille du 26 août, Napoléon paraît avoir été la victime d'un faux point d'honneur : il ne voulait pas reculer. L'habitude du trône avait augmenté l'orgueil de ce caractère et diminué le bon sens, si remarquable dans ses premières années.

Cette éclipse totale de bon sens se fait encore plus remarquer dans les actes de son administration intérieure. Cette année, il fit casser, par son vil sénat, l'arrêt de la cour d'appel de Bruxelles, rendu dans l'affaire de l'octroi d'Anvers, d'après la déclaration d'un jury. Le prince était à la fois législateur, accusateur et juge ; tout cela, par pique d'avoir trouvé des fripons plus fins que ses règlements.

Un autre sénatus-consulte montre bien le despote tombé en démence. Cet acte du sénat, qui d'abord avait le ridicule de s'écarter des usages appelés les Constitutions de l'Empire, déclarait qu'on ne ferait jamais la paix avec l'Angleterre qu'au préalable elle n'eût fait restituer la Guadeloupe, qu'elle venait de donner à la Suède. Les membres du sénat qui, avant que d'y entrer, étaient presque tous comptés parmi les hommes les plus remarquables de la France, une fois réunis au Luxembourg ne luttaient plus entre eux que de bassesse. C'est en vain qu'une courageuse opposition essayait de les faire rougir : ils répondaient : « Le siècle de Louis XIV recommence et nous ne voulons pas ruiner à jamais nous et nos familles. » Comme les délibérations étaient secrètes, les opposants n'avaient que les dangers de l'opposition, non la gloire, et la postérité doit répéter avec une double reconnaissance les noms de Tracy, Grégoire, Lanjuinais, Cabanis, Boissy d'Anglas, Lenoir La Roche, Colaud, Cholet, Volney et peu d'autres, hommes illustres qui, aujourd'hui encore, sont de l'opposition et sont injuriés par les mêmes flatteurs qui, seulement, ont changé de maître [1].

Napoléon envoya ordre à tous ses préfets de faire injurier Bernadotte, prince de Suède, dans des centaines d'adresses doublement ridicules, car en quittant la France, Bernadotte était devenu Suédois [2].

1. *To see: Staël's* Considérations *for the names.*
2. Voir le *Moniteur*, comme de juste. Les plus vils signataires de ces adresses sont les hommes qui devaient se montrer, deux ans après, les ultras les plus ridicules et les plus sanguinaires. Voir le discours de M. S[eguier].

Cependant Wellington triomphant, par
la force des circonstances, d'un général
plus habile que lui, s'approchait de Bayonne.
La Hollande se révoltait. Quarante-
quatre gendarmes, qui se trouvèrent pour
toute garnison à Amsterdam le jour de la
plus tranquille insurrection qui fût jamais,
ne purent empêcher ce pays de se séparer
de la France. Les places les plus impre-
nables furent occupées comme des villages.
Dans l'intérieur, l'empereur n'avait laissé
ni un homme, ni une cartouche, ni surtout
une tête. Tout ce qu'on put faire fut de
garder Berg-op-Zoom, et peu après, la
garnison française, faisant prisonnier le
corps d'armée anglais qui l'assiégeait,
montra au monde :

disjecti membra poetæ.

Après la révolte de la Hollande, parut
la déclaration de Francfort ; elle promettait à la France la Belgique et la rive gauche
du Rhin ; mais où était la garantie de cette
promesse ? Qui empêchait les Alliés de
recommencer les hostilités six mois après
la paix ? La postérité se souviendra de la
bonne foi qu'ils montrèrent après les capi-
tulations de Dresde et de Dantzig.

CHAPITRE LX[1]

Toutes les pièces de l'empire semblaient tomber les unes sur les autres. Malgré ces épouvantables désastres, Napoléon avait encore mille moyens d'arrêter le cours de sa décadence. Mais il n'était plus le Napoléon d'Egypte et de Marengo. L'obstination avait remplacé le talent. Il ne put prendre sur lui d'abandonner ces vastes projets, regardés si longtemps par lui et ses ministres comme absolument immanquables. Au moment du besoin, il ne trouva plus autour de lui que des flatteurs. Cet homme, que les féodaux, les Anglais et Mme de Staël représentent comme le machiavélisme incarné, comme une des incarnations de l'esprit malin[2], fut deux fois la dupe de son cœur : d'abord lorsqu'il crut que l'amitié, qu'il avait inspirée à Alexandre, ferait faire l'impossible à ce prince, et ensuite, lorsqu'il pensa que parce qu'il avait épargné quatre fois la Maison

---

1. Il y a du décousu dans ce chapitre.
2. *The very paroles of Mme de Stael*; Leviathan, je crois, tome 2.

d'Autriche au lieu de l'anéantir, elle ne l'abandonnerait pas dans le malheur. Il disait que la Maison d'Autriche verrait la mauvaise position où elle se trouve à l'égard de la Russie. La Bavière qu'il avait créée en 1805 et sauvée en 1809 l'abandonna et chercha à lui donner le coup de grâce à Hanau, et si le général bavarois avait fait vingt fossés sur la route, il réussissait. Napoléon eut le défaut de tous les parvenus : celui de trop estimer la classe à laquelle ils sont arrivés.

Pendant la route de Hanau à Paris, Napoléon n'avait pas la moindre idée de son péril. Il pensait à l'élan sublime de 1792, mais il n'était plus le premier consul d'une république. Pour abattre le consul il fallait abattre trente millions d'hommes. En quatorze ans d'administration, il avait avili les cœurs et remplacé l'enthousiasme un peu dupe des républiques, par l'égoïsme des monarchies. La monarchie était donc refaite ; le monarque pouvait changer sans véritable révolution. Qu'est-ce que cela fait aux peuples [1] ?

Dans l'autre bassin de la balance, nous avions eu, durant quatorze ans, des souverains mourants de peur. S'ils songeaient à l'illustre maison de Bourbon,

1. S'il y a eu révolution, c'est uniquement par l'ineptie des ministres de 1815.

c'était pour voir l'état où ils pouvaient tomber d'un jour à l'autre. Après la bataille de Leipzig, l'intrigue se tut un moment et le vrai mérite put approcher des cours [1]. Ainsi le patriotisme et l'enthousiasme étaient dans le camp des Alliés avec la Landsturm et la Landwehr, et ils avaient des gens de mérite. Napoléon avait paralysé l'enthousiasme et, au lieu d'avoir Carnot pour ministre de la guerre, comme à Marengo, il avait M. le duc de Feltre.

[1]. MM. Stein, Gneisenau.

CHAPITRE LXI

Les Alliés, arrivés à Francfort, parurent étonnés de leur fortune. Ils délibérèrent d'abord de se porter en Italie. Le sol français leur faisait peur. Ils avaient toujours devant les yeux la retraite de Champagne. Enfin ils osèrent passer le Rhin (4 janvier 1814).

Napoléon était depuis longtemps à Paris. Sa principale affaire était, je crois, de se rassurer contre la peur que lui faisait le peuple français. Il ne faisait de décrets que pour avoir des habits, des fusils, des souliers comme si le moral n'était rien. Son but fut de sortir de cet embarras, sans s'écarter de la majesté. Pour la première fois de sa vie il parut petit. Ses pauvres secrétaires-rédacteurs, qu'il appelait ministres, avaient peur de recevoir des coups de pincettes dans les jambes et n'osaient souffler.

L'empereur créa la garde nationale. Si la France a une autre *Terreur*, ce qui est fort possible si on laisse faire les prêtres et les nobles, la garde nationale servira à la rendre moins horrible que la première. Ce qui n'est qu'à demi canaille s'y trouvera enrôlé, et les petits marchands qui auront peur d'être pillés, feront peur à la dernière canaille. Si le hasard jette la France dans une autre série d'événements, la garde nationale sera bonne aussi comme établissant l'aristocratie de la fortune. Elle pourra rendre moins sanglantes certaines périodes assez probables de la lutte des privilèges contre les droits. Pour que la garde nationale soit pleinement rassurante à cet égard, il faut que les soldats élisent tous les ans leurs officiers jusqu'au grade de capitaine et présentent des candidats pour les grades supérieurs. Il faudrait fixer pour chaque grade la quotité de l'impôt à payer.

En janvier 1814, le peuple de l'Europe le plus vif, ne formait plus, comme nation qu'un corps mort. Ce fut en vain qu'une trentaine de sénateurs eurent la mission d'aller réveiller à moitié ce peuple français si terrible sous Carnot. Il n'était aucun de nous qui ne fût sûr, en montrant le bonnet rouge, de lui faire prendre, en moins de six semaines, un plus bel incarnat dans le sang de tous les étrangers qui avaient osé souiller le sol sacré de la liberté ; mais le maître nous criait : « Une déroute de plus et une société populaire de moins » ; et, s'il resaisissait l'empire,

malheur à celui qui n'eût pas entendu
cet ordre ! Ce fut alors que Napoléon dut
sentir le poids de sa noblesse. Quel effet
pouvions-nous attendre de proclamations
adressées aux cœurs des peuples et commençant par des titres féodaux ? Portraits d'héroïsme. Féroce enthousiasme
de la patrie.

Un trait marquant de cette époque
(janvier 1814), c'est le ton de la correspondance des ministres, surtout du ministre M[ontalivet] [1]. Un sénateur lui
mandait-il qu'il n'avait pas cinq cents
fusils en état, il écrivait pour toute réponse :
« Armez le lycée ; la jeunesse française a
entendu la voix de son empereur » ; et
autres phrases que le plus impudent
journaliste aurait trouvées trop enflées
pour une proclamation. Cela était si fort
que plusieurs fois nous nous demandâmes :
« Mais trahirait-il ? »

Par un dernier trait d'humeur et d'in-
conséquence qui acheva d'abattre la France et que la postérité aura peine à croire,
tant il est voisin de la folie, au moment où
l'empereur avait le plus impérieux besoin
de faire la cour à son peuple, il se prend de

---

1. Stendhal avait écrit le nom en toutes lettres. Il le biffa,
ne laissant que l'initiale, et en marge il écrivit : « Ménagement pour le malheur du ministre de l'intérieur Montalivet.»
                              N. D. L. E.

querelle avec le Corps Législatif. Il reproche aux plus honnêtes gens du monde d'être vendus à l'étranger. Il termine la session du Corps Législatif.

Voilà ce que le despotisme peut faire d'un des plus grands génies qui aient jamais existé.

CHAPITRE LXII

A PARIS, le matin du 24 janvier, Napoléon fut grand comme acteur tra-
gique. Un voile sombre commençait à descendre sur les destinées de la
France. La confiance du chef faisait la
confiance du peuple. Dès que la crainte
paraissait, tous les yeux se tournaient
vers lui.

Il passait une revue de la garde nationale de Paris, dans cette cour du Carrousel
où l'Europe entière était venue assister
aux évolutions de la garde ; il était devant
cet arc de triomphe, orné de ces nobles
trophées qu'il devait si tôt perdre. Il
paraît que l'éloquence des lieux agit sur
lui ; il se sentit attendri ; il fit dire aux
officiers de la garde nationale de monter à
la salle des maréchaux. Tous crurent un
moment qu'il allait leur proposer de
sortir de Paris et de marcher à l'ennemi.
Tout à coup, il sort de la Galerie de la
Paix et paraît avec son fils dans ses bras ;
il leur présente le jeune roi de Rome :
« Je vous confie cet enfant, l'espoir de la
France ; pour moi, je vais combattre

et ne songer qu'à sauver la patrie. » En
un instant, les larmes furent dans tous
les yeux. On voyait l'homme de la destinée
laisser parler son cœur. Je me souviendrai
toute ma vie de cette scène déchirante [1].
J'étais en colère de mes larmes. La raison
me répétait à chaque instant : « Du temps
des Carnot et des Danton, le gouvernement, en un aussi pressant danger, se
serait amusé à tout autre chose qu'à
émouvoir des cœurs faibles et incapables
de vertu. »

En effet, les mêmes gens qui, le 24 janvier, pleuraient aux Tuileries, le 31 mars,
au passage de l'empereur Alexandre sur le
boulevard, agitaient des mouchoirs blancs
à toutes les croisées et paraissaient ivres
de joie. Il faut remarquer que, le 31 mars,
il n'était pas encore question de l'illustre
maison de Bourbon, et que les Parisiens
étaient si joyeux, uniquement parce qu'ils
se voyaient conquis.

1. Le 24 janvier 1814, Beyle n'était point à Paris, mais à
Grenoble avec le comte de Saint-Vallier. (*Note de Colomb.*)

CHAPITRE LXIII

Dans de pareilles circonstances, la Convention décrétait que tel jour, le sol de la liberté serait purgé de la présence de l'ennemi, et, au jour fixé, le décret était mis à exécution par les armées.

Au 25 janvier 1814, jour du départ de l'empereur, l'affaire de toute la France semblait être devenue l'affaire d'un seul homme. L'emphase que cet homme mettait dans ses discours, et qui, dans ses jours heureux, lui avait donné tous les cœurs faibles, faisait maintenant que tous avaient un plaisir secret à le voir humilié.

Beaucoup de gens désiraient la prise de Paris comme spectacle. Comme je repoussais cette parole avec horreur, l'un d'eux me dit fort bien : « Paris est une capitale qui ne convient plus à la France. Sept cent mille égoïstes, les gens les plus pusillanimes et les plus vides de caractère que la France produise, se trouvent, par la force de l'usage, les représentants de la France dans toutes les grandes révolutions. Soyez sûr que la crainte de perdre leurs meubles d'acajou leur fera toujours faire toutes les lâchetés qui leur seront proposées. Ce n'est pas leur faute ; une excessive petitesse a entièrement étiolé leurs âmes pour tout ce qui n'est pas affaire personnelle. La capitale de la France doit être une ville de guerre, placée derrière la Loire, près de Saumur. »

CHAPITRE LXIV

LE congrès de Châtillon fut ouvert le 4 février et terminé le 18 mars. Une grande puissance s'opposait à la déchéance de Napoléon. Appuyé par cette grande puissance, il pouvait faire la paix avec sûreté. Mais il se serait regardé comme déshonoré, s'il eût accepté la France diminuée d'un seul village de ce qu'elle était lorsqu'il la reçut au 18 brumaire. C'est bien là l'erreur d'une grande âme, le préjugé d'un héros ! Voilà toute la clef de sa conduite. D'autres princes se sont montrés exempts de cette vaine délicatesse [1].

---

1. En note, quelque plate injure de la Staël.

CHAPITRE LXV

L A défense que Napoléon entreprit autour de Paris était romanesque, et, cependant, elle fut sur le point de réussir. Les armées de la France étaient disséminées à des distances immenses, à Dantzig, à Hambourg, à Corfou, en Italie. L'Ouest et la Vendée s'agitaient. Ce feu est moins que rien, vu de près, mais, de loin, il fait peur. Le Midi s'enflammait et l'on craignait des assassinats ; Bordeaux s'était déclaré pour ce roi qui devait enfin nous donner le gouvernement constitutionnel. Le Nord délibérait avec ce calme qui l'a distingué dans tout le cours de la Révolution. L'Est, animé des plus nobles sentiments, ne demandait que des armes pour purger le sol de la France.

Napoléon, sourd à la voix de la raison qui lui conseillait de se jeter dans les bras de l'Autriche, ne paraissait occupé que de son admirable campagne contre les Alliés. Avec 70.000 hommes, il résistait à 200.000 et les battait sans cesse. L'armée se battit en désespérée et il faut lui rendre cette justice, c'était par honneur. Elle était loin de prévoir le sort qui l'attendait. On dit que les généraux ne firent pas si bien que les soldats et les simples officiers : ils étaient riches. Les armées alliées montrèrent aussi du courage. Elles étaient dix contre un. La Landwehr et le Tugendbund [1] avaient introduit dans leurs rangs l'enthousiasme de la patrie ; cependant, comme leurs généraux n'étaient pas fils de leurs œuvres, mais des princes désignés par la naissance, la fortune des combats fut variable. Napoléon, si médiocre comme monarque, retrouva souvent, comme général, le génie de ses premières années. Il passa deux mois à courir ainsi de la Seine à la Marne et de la Marne à la Seine.

Ce que la postérité admirera peut-être le plus dans la vie militaire de ce grand homme, ce sont les batailles de Champaubert, Montmirail, Vauchamp, Mormant, Montereau, Craonne, Reims, Arcis-sur-Aube et Saint-Dizier. Son génie était absorbé dans un sentiment semblable à celui d'un brave homme qui va tirer l'épée contre un maître d'armes. Du reste, il était fou : il refusa l'armée d'Italie, forte de 100.000 hommes, que le prince

---

1. Société fondée en partie par le spirituel Arndt.

Eugène lui envoya offrir par M. de Tonnerre. Peu de jours après, un obus vint tomber à dix pas de son cheval ; au lieu de s'éloigner, il marcha dessus. Il éclata à quatre pieds de lui sans le toucher. Je croirais assez qu'il voulait interroger la fatalité.

Le 13 mars, aux environs de Laon, l'empereur fut joint au feu, où il était, par le médecin du prince Bernadotte. On lui offrait encore la paix. Ce fut la dernière voix qu'employa la destinée.

CHAPITRE LXVI

NAPOLÉON avait depuis longtemps l'idée de faire une pointe en Alsace. Il s'agissait d'aller fortifier son armée de toutes les garnisons de l'Est et de tomber sur les derrières de l'armée alliée. Travaillée par les maladies, redoutant la révolte ouverte des paysans lorrains et alsaciens qui, de toutes parts, commençaient à assassiner les soldats isolés, enfin sur le point de manquer totalement de munitions de guerre et de bouche, l'armée ennemie allait se mettre en retraite.

Le projet de l'empereur réussissait si Paris avait eu le courage de Madrid. Ce projet téméraire réussissait encore, si la plus vile trahison ne s'en fût mêlée. Un étranger, que Napoléon avait comblé de faveurs non méritées (M. le duc de Dal [matie]), envoya un courrier à l'empereur Alexandre. Ce courrier apprenait à ce prince que pour détruire l'armée alliée dans sa retraite, Napoléon marchait vers la Lorraine et avait laissé Paris sans défense. Ce mot changea tout. Au moment où le courrier arriva, depuis vingt-quatre

heures, les Alliés commençaient leur retraite sur le Rhin et sur Dijon. Les généraux russes disaient qu'il était temps de
finir une campagne romanesque, et d'aller
prendre les places imprudemment laissées
sur les derrières.

Lorsqu'après le courrier reçu, l'empereur Alexandre voulut se porter en avant,
le général en chef autrichien s'y opposa
de toute son autorité et jusqu'au point
d'obliger Alexandre à dire qu'il prenait
la responsabilité sur lui [1]. Quel lecteur
n'est pas arrêté par une réflexion frappante ? On voit cette police de Napoléon
qui a servi de texte à Mme de Staël et à
tous les libellistes, on voit cette police
machiavélique d'un homme sans pitié,
pécher par excès d'humanité dans une
circonstance décisive. Par horreur pour
le sang, elle fait perdre l'empire à la famille de Napoléon. Depuis quatre ou cinq
mois on conspirait à Paris ; la police
méprisait tellement les conspirateurs
qu'elle eut le tort de mépriser la conspiration.

Il en était de même dans les départements. Les sénateurs savaient que certaines gens étaient en correspondance
avec l'ennemi. Les jurys les eussent

1. Hobhouse, 86.

condamnés sans nul doute ; les traduire
devant les cours criminelles eût au moins
arrêté leurs machinations. On ne voulut
pas s'exposer à répandre du sang. Je puis
répondre personnellement de la vérité
de ce dernier fait.

Je pense que la postérité admirera
la police de Napoléon qui, avec si peu de
sang, a su prévenir tant de conspirations.
Durant les premières années qui ont
suivi notre Révolution, après une guerre
civile et avec une minorité non moins
riche que corrompue[1], et un prétendant
appuyé par l'Angleterre, une police était
peut-être un mal nécessaire[2]. Voyez la
conduite de l'Angleterre en 1715 et 1746.

La police impériale n'a jamais eu à se
reprocher des événements comme la prétendue conspiration de Lyon ou les massacres de Nîmes[3].

1. Machine infernale du 3 nivôse.

2. Dans tout gouvernement qui n'est pas fondé uniquement pour l'utilité de tous en suivant la raison et la justice,
dans tout gouvernement où les sujets sont corrompus et ne
demandent pas mieux que d'échanger des droits contre
des privilèges, je crains qu'une police ne soit nécessaire. »

3. L'illustre auteur que je cherche à combattre était-elle
de bonne foi dans ses déclarations ? En ce cas, cette femme
célèbre avait une bien pauvre tête. C'est une triste excuse,
quand on calomnie, que la faiblesse du jugement. Qui vous
forçait à parler ? Et si vous n'avez élevé la voix que pour
calomnier le malheur et battre des gens à terre, quelle barrière avez-vous laissée entre vous et les plus vils des hommes ?
La personne qui écrit serait véritablement heureuse de

Après le courrier reçu, les Alliés marchèrent sur Paris. Napoléon ayant eu connaissance de ce mouvement un jour trop tard, voulut encore leur courir après. Mais les Alliés arrivaient par la route de Meaux, tandis que l'empereur portait son armée à marches forcées sur Fontainebleau.

voir détruire ce raisonnement. Elle a besoin d'estimer ce qu'elle admire et ce qu'elle a respecté si longtemps.

On remarquera peut-être comme un motif d'indulgence, qu'il faut plus d'une sorte de courage pour défendre aujourd'hui la police impériale. Quant à garder toutes les avenues contre la critique, il faudrait un luxe de paroles qui n'est pas dans le caractère de l'auteur. *Pauca intelligenti.* Pour les gens qui n'ont que des intérêts et pas d'opinions, ils peuvent être dignes d'estime dans le courant de la vie, mais, la plume à la main, ils sont toujours méprisables *.

Ai-je besoin d'ajouter que la police de Bonaparte tendant à éloigner le souverain légitime, agissait dans un but essentiellement criminel ? Mais, marchant dans cette fausse route, a-t-elle été cruelle, a-t-elle commis et laissé commettre des crimes ?

* *For me :* Les gens de province parlent comme juges et ils ne sont la plupart du temps qu'avocats

CHAPITRE LXVII

L E 29 mars, 160.000 alliés se trouvèrent devant les hauteurs qui abritent Paris au nord-est. Ils avaient laissé un gros corps de leur excellente cavalerie pour observer Napoléon. Le 30 mars, à six heures du matin, le feu s'ouvrit, de Vincennes à Montmartre. Les ducs de Raguse et de Trévise n'avaient pas plus de 16.000 hommes et résistèrent toute la journée. Ils tuèrent 7.000 hommes à l'ennemi. La garde nationale parisienne, forte de 35.000 hommes, en perdit un, le nommé Fitz-James, cafetier au Palais-Royal [1].

À cinq heures les Alliés étaient maîtres des hauteurs de Montmartre et de Belleville. A la nuit leurs feux les couronnèrent. On avait capitulé dans l'après-midi ; l'armée dut se retirer sur Essonne. La ville, déjà prise par le fait, était de la plus belle et de la plus vile tranquillité. Les soldats de la garde, qui la traversèrent toute la nuit, pleuraient.

1. D'autres rapports disent quarante.

CHAPITRE LXVIII

Toute la journée du 30 mars, durant la bataille, le boulevard était fort brillant.

Le 31, vers les neuf heures du matin, il y avait foule, comme dans les plus beaux jours de promenade. On se moquait beaucoup du roi Joseph et du comte Regnault. On vit passer un groupe de gens à cheval qui portaient des cocardes blanches et agitaient des mouchoirs blancs. Ils criaient: « Vive le Roi ! » — « Quel roi ? » entendis-je demander à mes côtés. On ne pensait pas plus aux Bourbons qu'à Charlemagne. Ce groupe, que je vois encore, pouvait être composé de vingt personnes qui avaient l'air assez troublé. On les laissa passer avec la même indifférence que des promeneurs ordinaires. Un de mes amis qui riait de leur peur m'apprit que ce groupe s'était formé sur la place Louis XV et il n'alla pas plus loin que le boulevard de la rue de Richelieu.

Vers les dix heures, une vingtaine de souverains entrèrent par la porte Saint-Denis à la tête de leurs troupes. Tous les balcons étaient remplis ; les dames étaient enchantées de ce spectacle. A la vue des souverains, elles agitaient une foule de mouchoirs blancs. Toutes voulaient voir et peut-être avoir l'empereur Alexandre. Je montai sur le grand balcon de Nicolle, le restaurateur. Les dames admiraient la bonne mine des Alliés et leur joie était au comble.

Les soldats alliés, pour se reconnaître dans une si grande variété d'uniformes, portaient un mouchoir blanc au bras gauche. Les parisiens crurent que c'était l'écharpe des Bourbons ; aussitôt ils se sentirent tous royalistes.

La marche de ces superbes troupes dura plus de quatre heures. Cependant des signes de royalisme ne s'observaient encore que dans le grand carré formé par le boulevard, la rue de Richelieu, la rue Saint-Honoré et la rue du faubourg Saint-Honoré.

A cinq heures du soir, M. de Maubreuil, actuellement en Angleterre, mit sa croix de la Légion d'Honneur à l'oreille de son cheval, et entreprit, à l'aide d'une corde, de renverser la statue qui couronnait la colonne de la place Vendôme. Il y avait là assez de canaille. Un de ces gens monta sur la colonne pour donner des coups de canne à la statue colossale.

CHAPITRE LXIX

L'EMPEREUR Alexandre vint loger chez M. de Talleyrand. Cette petite circonstance décida du sort de la France[1]. Cela fut décisif. M. ***[2] parla à ce souverain dans la rue et lui demanda de restituer à la France ses souverains légitimes. La réponse ne fut rien moins que décisive. Le même personnage fit la même demande à plusieurs généraux également dans la rue ; les réponses furent encore moins satisfaisantes. Personne ne songeait aux Bourbons ; personne ne les désirait ; ils étaient inconnus. Il faut entrer dans le détail d'une petite intrigue. Quelques gens d'esprit, qui ne manquaient pas de hardiesse, pensèrent qu'on pourrait bien gagner au milieu de toute cette bagarre, un ministère ou une gratification. Ils ne furent pas pendus ; ils réussirent ; mais ils n'ont eu ni ministère, ni gratification[3].

1. Et probablement de celui de l'Europe d'ici à 1838.
2. Stendhal avait d'abord écrit : Demosthène de la Rochefoucauld. Nom qu'il a barré en écrivant au dessous : « Par prudence trois étoiles : M *** ». N. D. L. E.
3. Oublié l'Italie dans l'abdication.

Les Alliés avançant en France, étaient
tout étonnés ; ils croyaient les trois quarts
du temps, marcher dans une embuscade.
Comme, malheureusement pour l'Europe,
l'esprit chez eux ne correspondait pas à la
fortune, les Alliés se trouvèrent dans les
mains des premiers intrigants qui osèrent
prendre la poste et aller jusqu'à leur quartier général. M. [de Vitrolles] fut le premier qui arriva avec des lettres de créance
de l'abbé Scapin [1]. Ils disaient qu'ils parlaient au nom de la France et que la
France voulait les Bourbons. L'effron-
terie de ces deux personnages égaya beaucoup les généraux alliés. Quelque bons
que fussent les Alliés, ils sentirent cependant
dant un peu le ridicule d'une telle prétention.

M. de Talleyrand abhorrait Napoléon
qui lui avait ôté un ministère auquel il
était accoutumé. Il avait le bonheur de
loger le monarque qui, pendant un mois,
fut le maître et le législateur de la France.
Pour gagner son esprit, il se servit de tous
les moyens et fit paraître l'abbé Scapin
et d'autres intrigants qui se donnèrent
pour les députés du peuple français.

Il faut avouer que ces moyens d'intrigue
étaient misérables. Ils furent rendus excel-

1. Par prudence Stendhal désigne sous ce nom l'abbé de
Pradt. N. D. L. E.

lents par la faute énorme qui avait été commise l'avant-veille. On avait fait sortir de Paris l'impératrice Marie-Louise et son fils. Si cette princesse eût été présente, elle offrait un logement aux Tuileries à l'empereur Alexandre, et le prince S[chwarzenberg] avait naturellement une voix prépondérante.

CHAPITRE LXX

L E 30 mars, pendant que le bruit de la fusillade faisait perdre la tête à la moitié de Paris, les pauvres ministres de l'empereur, avec le prince Joseph pour président, ne savaient plus où ils en étaient.

Le prince se couvrit de boue en faisant afficher qu'il ne partirait pas, au moment où il fuyait. Le comte Regnault-de-Saint-Jean-d'Angély ajouta à son ignominie. Quant aux ministres, ils auraient bien eu une certaine énergie, car enfin tout le monde les regardait et ils avaient de l'esprit ; mais la peur de perdre leur place et d'être renvoyés par le maître, s'ils laissaient échapper quelque parole qui avouât le danger, en avaient fait autant de Cassandres. Ils ne s'occupaient pas d'agir, mais d'écrire de belles lettres où le langage du despotisme devenait plus fier à mesure que le despote approchait du précipice.

Le matin du 30, ils se réunirent à Montmartre ; le résultat de leurs délibérations fut d'y faire conduire du canon de 18 avec

des boulets de 12[1]. Enfin, suivant l'ordre
de l'empereur, ils décampèrent tous pour
Blois. Si Carnot, le comte de Lapparent,
Thibaudeau, Boissy d'Anglas, le comte de
Lobau, le maréchal Ney avaient été dans
le ministère, ils se seraient conduits un
peu différemment.

1. Ce fait ne me semble pas prouvé.

CHAPITRE LXXI

APRÈS la marche triomphante sur le boulevard, l'empereur, le roi de Prusse et le prince Schwarzenberg avaient passé plusieurs heures dans les Champs-Élysées à voir défiler leurs troupes. Ces augustes personnages vinrent chez M. de Talleyrand, rue Saint-Florentin, près des Tuileries. Ils y trouvèrent dans le salon les gens dont nous avons parlé. Le prince de Schwarzenberg avait des pouvoirs pour consentir à tout. Les souverains parurent dire que si la grande majorité des Français et l'armée voulaient l'ancienne dynastie, on la leur rendrait. On tint un conseil. On assure que Sa Majesté l'empereur Alexandre dit qu'il lui semblait qu'il y avait trois partis à prendre :

1º Faire la paix avec Napoléon, en prenant toutes les sûretés convenables ;

2º Etablir la régence et proclamer Napoléon II ;

3º Rappeler les Bourbons [1].

1. Plus bas dans la déclaration d'Alexandre, la *Biographie* dit qu'il y avait qu'il reconnaîtrait et garantirait la constitution que la nation française se donnerait. D'après cet

Les gens qui avaient l'honneur de se trouver à côté des souverains alliés se dirent : « Si nous faisions faire la paix avec Napoléon, il nous a jugés, nous resterons ce que nous sommes et peut-être nous fera-t-il pendre ; si nous faisons rappeler un prince, absent depuis vingt ans et dont le métier ne sera pas facile, il nous fera premiers ministres [1]. » Les souverains ne purent pas se figurer que les vertus qui remplissaient leurs cœurs fussent si étrangères à des Français. Ils crurent à leurs protestations en faveur de la patrie, nom sacré que ces petits ambitieux prodiguaient au point d'en ennuyer leurs illustres auditeurs.

Après deux heures de conversation : « Eh bien, dit l'empereur Alexandre, je déclare que je ne traiterai plus avec l'empereur Napoléon. » Les imprimeurs Michaud, qui se trouvaient aussi du Conseil d'Etat, coururent imprimer la déclaration suivante qui couvrit les murs de Paris...

Les personnes auxquelles leur étonnement n'ôtait pas leur sang-froid, remarquérent que le roi de Rome n'était pas exclu par cette affiche [2].

exemple et celui de l'article de la capitulation de Paris relatif à Ney, bien fou le peuple qui se fiera à la promesse d'un roi. Si l'empereur Alexandre eût garanti la constitution du Sénat, il n'aurait pas eu l'alarme qui finit par hasard à Waterloo.

1. L's est comique. Tous en voulaient tâter.
2. De Pradt, p. 69.

Pourquoi, se disaient ces factieux, ne pas se donner la peine d'assembler le Corps Législatif qui, après tout, est la source de tout pouvoir légitime, et ce sénat, composé de l'élite de la nation et qui a erré, non pas faute de lumières, mais par excès d'égoïsme ? Soixante égoïstes rassemblés ont toujours plus de pudeur que six. D'ailleurs, il y avait peut-être dix citoyens dans le sénat. On ne fit qu'une cérémonie de ce qui aurait dû être une délibération ; de là, la campagne de Waterloo.

Si Napoléon, par une boutade de despotisme, n'eût pas renvoyé le Corps Législatif, rien de ce qui a eu lieu n'arrivait. Si le Corps Législatif, que la conduite de MM. Laîné et Flaugergues venait d'illustrer, se fût trouvé rassemblé, l'esprit éminemment sage qui décida du sort de la France, aurait eu l'idée de le consulter.

CHAPITRE LXXII

NAPOLÉON, ayant su le mouvement de l'ennemi, arrivait à Paris de sa personne. Le 30 mars à minuit, il rencontra à Essonne, à mi-chemin de Fontainebleau, un des plus braves généraux de sa garde (le général Curial) qui lui apprit la fatale issue du combat. « Vous vous êtes conduits comme des lâches. » — « Sire, nous étions attaqués par des troupes trois fois plus nombreuses que nous et qui étaient animées par la vue de Paris. Jamais des troupes de Votre Majesté ne se sont mieux battues. » Napoléon ne répliqua pas et fit tourner les chevaux de sa calèche vers Fontainebleau. Là, il rassembla ses troupes.

Le 2 avril, il passa la revue du corps de Marmont, duc de Raguse, qui avait évacué Paris, le 31 mars au soir, et était alors campé à Essonne. Ce corps formait l'avant-garde et était à peu près le tiers de son armée. Marmont l'assura de la fidélité et de l'attachement de ses troupes qui étaient en effet au-dessus de la séduction ; mais il oublia de répondre pour leur général. Napoléon avait le projet de marcher sur Paris et d'attaquer les Alliés. Il fut successivement abandonné de la plupart de ses serviteurs, particulièrement du prince de Neuchâtel, sur le défaut duquel il plaisanta fort gaîment avec le duc de Bassano. Enfin il tint un conseil de guerre, et, prêtant l'oreille pour la première fois à ce que le maréchal Ney, le duc de Vicence et ses serviteurs les plus dévoués lui dirent du mécontentement général que son refus de faire la paix avait excité en France, il abdiqua en faveur de son fils, et, le 4 avril, il envoya Ney, Mac Donald et Caulaincourt porter cette proposition à l'empereur Alexandre.

CHAPITRE LXXIII

MARMONT [1]

COMME ces généraux traversaient les avant-postes de l'armée française et s'arrêtaient pour faire contre-signer leurs passeports par Marmont, ils communiquèrent à ce maréchal l'objet de leur voyage. Il parut confus et dit quelque chose, entre ses dents, de propositions à lui faites par le prince Schwarzenberg et auxquelles il avait prêté l'oreille en quelque manière. Mais, ajouta-t-il aux envoyés que cette parole avait frappés de stupeur, ce qu'il apprenait changeait la question et il allait mettre fin à ses communications séparées. Après quelques moments, un des maréchaux rompit le silence et dit qu'il serait plus simple que lui, Marmont, vînt avec eux à Paris et qu'il se joignît à eux dans les négociations dont ils étaient chargés. Marmont les accompagna en effet ; mais dans quel

---

1. Ce chapitre est encore traduit mot à mot du n° 54 de l'*Edindurgh Review*. Sans doute le personnage inculpé a une justification à faire entendre.

dessein ! c'est ce que les mouvements postérieurs de son corps d'armée montrèrent.

Les maréchaux le laissèrent avec le prince Schwarzenberg et allèrent remplir leur mission auprès d'Alexandre qui les envoya au sénat. Ce prince n'avait pas encore de plan arrêté et ne songeait pas aux Bourbons. Il ne s'aperçut pas qu'il était entre les mains de deux intrigants dont l'un surtout, Talleyrand, ne cherchait qu'à se venger [1].

Quand l'officier, qui avait accompagné les maréchaux aux avant-postes de l'armée, revint à Fontainebleau et rapporta que Marmont était allé avec eux à Paris et qu'il l'avait vu caché, dans le fond de leur voiture, tout le monde montra de la surprise et quelques-uns du soupçon. Mais Napoléon, avec sa confiance ordinaire dans l'amitié, répondit que, si Marmont les avait accompagnés, il était sûr que c'était pour lui rendre tous les services qui étaient en son pouvoir. Pendant l'absence des négociateurs, on rassembla à Fontainebleau un conseil de guerre composé de tous les généraux de l'armée. Il s'agissait de décider ce que l'on ferait si la proposition des maréchaux était rejetée. Souham, qui commandait en second le

1. Voir la véridique histoire du mois d'avril 1814 par M. de Pradt.

corps de Marmont, fut appelé comme les autres. Souham, qui était informé de l'intelligence secrète de Marmont avec l'ennemi, craignit d'être fusillé en arrivant à Fontainebleau et que tout ne fût découvert. Au lieu de se rendre à Fontainebleau comme il en avait l'ordre, il fit avancer son corps d'armée dans la nuit du 5 avril jusque dans le voisinage de Versailles. Par ce mouvement, il se mit au pouvoir des Alliés qui occupaient cette ville et laissa les troupes de Fontainebleau sans avant-garde. Les soldats de Souham ignorant ses instructions, obéirent sans défiance. Ce ne fut que le lendemain matin qu'ils découvrirent avec désespoir le piège dans lequel ils étaient tombés. Ils voulurent massacrer leurs généraux, et il faut convenir qu'ils auraient donné un exemple utile au monde. Si l'un des colonels ou généraux avait eu un peu de ce caractère, si commun autrefois dans les armées de la République, il pouvait tuer Souham et ramener l'armée à Essonne.

Il est inutile d'ajouter que la défection du corps de Marmont, dans ce moment critique, décida du sort de la négociation confiée aux maréchaux. Napoléon, privé du tiers de sa petite armée, ne fut plus un objet d'appréhension pour les Alliés,

Le traité de Fontainebleau fut signé le 11.

Nous nous sommes arrêtés un instant sur ces détails parce que la trahison du maréchal Marmont envers son ami et son bienfaiteur n'a pas été bien comprise. Ce n'est ni sa défense, ni sa capitulation de Paris, qui méritent une attention particulière, c'est sa conduite subséquente qui transmettra son nom à la postérité.

CHAPITRE LXXIV

LE lendemain du jour où M. de T[alley-rand] persuada aux souverains alliés que la France entière demandait les Bourbons, il se rendit au sénat qui, toujours faible, nomma le gouvernement provisoire qu'on lui désigna.

Le 2 avril, le sénat déposa Napoléon ; le 3, le Corps Législatif adhéra aux actes du sénat.

Dans la nuit du 5 au 6, les souverains déclarèrent qu'ils ne voulaient pas de la première abdication de Napoléon en faveur de son fils. L'empereur Alexandre lui fit offrir un lieu de retraite pour lui et sa famille et la conservation de son titre [1].

1. Prendre une page ou deux et les adieux à Hobhouse.

CHAPITRE LXXV

Laissons un instant Napoléon dans l'île d'Elbe. Les événements nous y rappelleront bientôt.

Le gouvernement provisoire par égard, je crois, pour les princes, qui s'avançaient avec la cocarde blanche, proscrivit la cocarde tricolore et proclama la cocarde blanche. « Bon, dit Napoléon, alors à Fontainebleau, voilà une cocarde toute trouvée pour mes partisans, si jamais ils reprennent courage. » L'armée fut profondément irritée.

Ce trait est comme l'épigraphe du gouvernement qui va suivre. Cette démarche était d'autant plus inepte qu'il y avait un prétexte très plausible : Louis XVIII étant alors *Monsieur*, avait porté la cocarde tricolore du 11 juillet 1789 au 21 juin 1792 [1].

Le sénat fit une constitution qui était un contrat entre le peuple et un homme. Cette constitution appelait au trône Louis-Stanislas-Xavier. Ce prince, le modèle

1. Hobhouse, I, p. 91.

de toutes les vertus, arriva à Saint-Ouen.
Malheureusement, pour nous, il n'osa
pas se confier à ses lumières qui cependant
sont si supérieures [1]. Il crut devoir s'en-
tourer de gens qui connussent la France.
Il estimait, comme tout le monde, les
talents du duc d'Otrante et du prince
de Bénévent. Mais sa magnanimité lui
fit oublier que la loyauté n'était pas le
trait marquant du caractère de ces gens.
Ils se dirent : « Il est impossible que le roi
puisse se passer de nous. Laissons-le
essayer de gouverner par lui-même ;
nous serons premiers ministres dans un an. »
Il n'y avait qu'une chance contraire et
qui s'est présentée deux ans plus tard :
c'est que le roi trouvât un jeune homme
de plus grand talent dont il pût faire un
grand ministre.

En 1814, l'homme gangrené qui possé-
dait la confiance du roi, donna à la France
les ministres les plus plaisants qu'elle eût
vus depuis longtemps. L'intérieur, par
exemple, fut confié à un homme plus aimable à lui seul que tous les ministres un
peu rudes de Napoléon, mais qui croyait
fermement qu'habiter l'hôtel du ministre
de l'intérieur et y dîner, c'était être ministre de l'intérieur. La Révolution dans

1. Style niais.

toutes ses phases n'a rien vu de si innocent que ce ministère [1]. S'ils avaient eu quelque énergie, ils auraient bien fait le mal ; il ne paraît pas que la volonté leur ait manqué, mais ils étaient impuissants [2]. Le roi, dans sa profonde sagesse, gémissait de l'inaction de ses ministres. Il sentait tellement la pauvreté de leur esprit qu'il se fit acheter par l'un d'eux une *Biographie moderne* et ne nommait à aucune place sans consulter l'article du libraire [3].

1. Qui dit cela ? Est-ce Hobhouse ? Non, je l'ai oublié
2. Staël, I, 127 : Quand les nations sont de quelque chose dans les affaires publiques, tous ces esprits de salon sont inférieurs à la circonstance. Ce sont des hommes à principes qu'il faut.
3. *Said by Doligny.*

CHAPITRE LXXVI

Nous oserons parler avec une demi liberté de quelques-unes des fautes de ce ministère. Par la charte, comme par le vœu de nos cœurs, le roi est inviolable et il l'est surtout parce que ses ministres sont responsables. Le roi ne connaissait encore en France ni les hommes ni les choses. Son gouvernement de 1818 prouve ce que sa haute sagesse peut faire quand elle n'est pas égarée par des guides aveugles.

Louis XVIII arriva à Saint-Ouen[1]. Il devait purement et simplement accepter la constitution du sénat. Bonaparte ayant, en quelque sorte, par sa tyrannie, abdiqué la qualité de fils de la Révolution, Louis trouvait une heureuse occasion de s'en revêtir. La démarche dont il est question paraît à tout pour le moment, et n'empêchait pas son troisième ou quatrième successeur, une fois les dangers passés, de s'intituler *Roi par la grâce de Dieu* et de parler de légitimité. Quant au roi, son

1. Ce qui suit est fidèlement traduit de l'*Histoire des Cent Jours* par J. Hobhouse.

règne était heureux et tranquille, et Bonaparte à jamais oublié.

L'abbé de Montesquiou fit un mémoire pour S. M. où il dit, en parlant du préambule de la constitution : « Point de doute qu'il ne faille mettre *Roi de France et de Navarre*, je croirais même qu'elle doit être intitulée édit du roi [1]. »

Le 14 de juin, la constitution fut portée aux deux Chambres réunies au palais du Corps Législatif. Le chancelier, le plus plaisant des ministres, dit aux représentants de la nation : « Que plusieurs années s'étaient écoulées depuis que la divine Providence avait appelé leur roi au trône de ses pères..., qu'étant en pleine possession de ses droits héréditaires au royaume de France, il ne voulait exercer l'autorité qu'il tenait de Dieu et de ses ancêtres qu'en mettant lui-même des bornes à son pouvoir..., que, quoique le pouvoir absolu en France résidât dans la personne du roi, Sa Majesté voulait suivre l'exemple de Louis-le-Gros, Philippe-le-Bel, Louis XI, Henri II, Charles IX et Louis XIV et modifier l'exercice de son autorité. » Il faut avouer que Charles IX et Louis XIV étaient plaisamment choisis. Après avoir exprimé le vœu d'effacer de l'histoire de

1. *Moniteur* du 15 avril 1814.

France tout ce qui était arrivé durant son absence, le roi promit d'observer fidèlement la charte constitutionnelle, que « par le libre exercice de l'autorité royale, il avait accordée et accordait, avait octroyée et octroyait à ses sujets [1] ».

Il faut savoir que les conseillers du roi, en portant ce prince à refuser par sa proclamation de Saint-Ouen la constitution du sénat, lui en avaient fait faire une sorte d'extrait qu'il promettait d'accorder au peuple. Après l'entrée de S. M., on rassembla place Vendôme un bureau composé d'une trentaine de beaux esprits, législateurs les plus moutons que l'on put trouver ; ils mirent cet extrait en articles et firent la charte sans même se douter de ce qu'ils écrivaient. Aucun de ces pauvres gens n'eut l'idée qu'il faisait une transaction entre les partis qui divisaient la France. Le roi leur recommanda souvent de stipuler loyalement l'exécution de toutes les promesses de sa proclamation de Saint-Ouen. C'est cette constitution faite au hasard que le chancelier fit précéder du sage discours dont on vient de lire l'extrait.

Au milieu de cet accès de niaiserie qui s'était emparé de la capitale de la France,

1. Chercher les termes propres. — *To take the words in the Moniteur.*

le vertueux Grégoire osant avancer quelques principes généraux et reconnus de toute l'Europe sur la liberté, fut accusé par les gens de lettres, de vouloir faire renaître l'anarchie. MM. Lambrechts et Garat, qui protestaient contre la précipitation, furent insultés comme métaphysiciens. Benjamin Constant, l'homme par qui l'on pense juste en France, fut averti de garder le silence qui convenait si bien à un étranger peu instruit de nos mœurs.

Enfin cette charte si sagement préparée, fut lue devant les deux Chambres et nullement acceptée par elles. Elles auraient voté tout ce qu'on aurait voulu et même l'Alcoran, car c'est ainsi qu'on est en France. Dans ces sortes de circonstances, s'opposer à la majorité est taxé de vanité ridicule. « En France, il faut surtout faire comme les autres. » L'histoire des moutons de Panurge pourrait fort bien nous servir d'armes [1].

La sotte omission de cette formalité éloigna du roi toute vraie légitimité [2]. En France, même les enfants au collège, font le raisonnement suivant : « Tout homme a un pouvoir absolu et sans bornes sur lui-même ; il peut aliéner une partie de ce

1. *Considérations sur la Révolution*, I, p...
2. Couleur comique pour faire variété ; d'ailleurs c'est la couleur du sujet.

pouvoir. 28 millions d'hommes ne peuvent pas voter, mais 28 millions d'hommes peuvent élire mille députés qui votent pour eux ; donc, sans le libre choix d'une assemblée de représentants, il ne peut exister en France de pouvoir légitime, il ne peut y avoir que le droit du plus fort [1]. »

1. *For me : is that took from Jefferson?*

CHAPITRE LXXVII

Toute la conduite des ministres fut de cette force. Les agents du pouvoir qu'ils osèrent destituer furent remplacés par des gens faibles ou déshonorés. On s'aperçut bientôt et avec étonnement que chaque jour la cause des Bourbons perdait des partisans. Les ministres firent tant de folies, qu'ils persuadèrent au peuple, qu'au fond du cœur, le roi était le plus grand ennemi de la charte. Ces ministres avaient devant les yeux la cour de Louis XVI et le sort de Turgot. Pensant toujours que l'autorité royale allait se réveiller et saurait récompenser ceux qui l'auraient devinée en sachant la respecter durant les *mauvais jours*, ces malheureux ne songeaient qu'à lutter de servilité pour avancer en grade.

CHAPITRE LXXVIII

Quoiqu'en aient dit Montesquieu et beaucoup d'autres, il n'y a que deux sortes de gouvernements : les gouvernements *nationaux* et les gouvernements *spéciaux*.

A la première classe appartiennent tous les gouvernements où l'on tient pour principe que *tous les droits et tous les pouvoirs appartiennent toujours au corps entier de la nation, résident en lui, sont émanés de lui et n'existent que par lui et pour lui.*

Nous appelons *gouvernements spéciaux* tous ceux, quels qu'ils soient, où l'on reconnaît d'autres sources légitimes de droits et de pouvoirs que la volonté générale : tels que l'autorité divine, la naissance, un pacte social exprès ou tacite où les partis stipulent comme puissances étrangères l'une à l'autre [1].

Quoique vicieuse par le fond, quoique n'étant pas même un contrat entre le peuple et un homme, comme la constitu-

1. *Commentaires sur l'Esprit des Lois*, p. 13, 14. Liège, 1817.

tion d'Angleterre en 1688, notre charte eût satisfait tout le monde. Le peuple français est trop enfant pour y regarder de si près. D'ailleurs cette charte est passable, et, si jamais elle est exécutée, la France sera très heureuse, plus heureuse que l'Angleterre. Il est impossible dans ce siècle de faire une mauvaise charte ; il n'est aucun de nous qui en demi-heure n'en écrive une excellente. Ce qui eût été le dernier effort du génie du temps de Montesquieu, aujourd'hui est un lieu commun. Enfin toute charte exécutée est une bonne charte [1].

Il suffisait pour mettre le trône du plus sage et du meilleur des princes à l'abri des tempêtes, que le peuple crût qu'on voulait sincèrement la charte. Mais c'est ce dont les prêtres et les nobles firent tout au monde pour le dissuader.

Cent mille prêtres et cent cinquante mille nobles furieux n'étaient surveillés, comme tout le reste de la nation, que par huit imbéciles qui ne pensaient qu'au cordon bleu. Les nobles voulaient et veulent leurs biens. Quoi de plus simple que de leur rendre l'équivalent en rentes sur l'Etat ? Par là ces gens, qui n'ont point d'opinion et n'ont que des intérêts, étaient

1 Idée de B[enjamin] Constant.

attachés au crédit public et à la charte comme à un mal nécessaire.

Les ministres qui n'écrivaient pas une ligne, qui ne donnaient pas un dîner, sans violer l'esprit de la charte, accumulèrent bientôt les violations matérielles. Mme la maréchale Ney ne revenait jamais de la cour sans avoir les larmes aux yeux [1].

____

1. Interrogatoire du maréchal Ney.

CHAPITRE LXXIX

1. L'ARTICLE 260 du Code pénal maintenu par la charte défend, sous peine de prison et d'amende, de forcer les Français à célébrer les fêtes ou dimanches et à discontinuer leur travail. Une ordonnance de police ordonna précisément le contraire et en termes ridicules. Elle prescrivait à tous les Français de quelque religion qu'ils fussent, de *tendre le devant de leurs maisons dans toutes les rues où devaient passer les processions du Saint-Sacrement.*

On ne manqua pas de faire de ces processions qui furent la risée de tous les partis. Tant que la religion catholique n'aura pas de bonnes places à donner, elle sera ridicule en France. Personne n'y croit plus depuis longtemps. La religion est à jamais perdue en France depuis que l'abbé Maury a voulu la faire servir de bouclier aux privilèges des nobles.

2. Le 10 de juin, six jours après la charte qui promettait la liberté de la presse (article 8), parut l'ordonnance du ministre de l'intérieur qui rétablissait la censure.

Ce qu'il y eut de plus ridicule, c'est qu'on fit de cette ordonnance une loi. De longtemps en France, l'avenir ne sera rien pour le gouvernement.

3. Le 15 juin et le 15 de juillet, deux ordonnances sur le recrutement de la garde royale violèrent, au détriment de l'armée, l'article 12 de la charte.

4. Le 21 juin et le 6 de juillet, on établit un Conseil d'Etat, qui, au mépris de l'article 63, fut érigé en tribunal extraordinaire.

5. Le 27 juin, l'article 15, le plus important de tous, celui qui déclare que le pouvoir législatif réside dans le roi, les pairs et les députés, fut violé pour une bagatelle, par une ordonnance qui annulait un impôt établi par la loi du 22 ventôse an 12[1].

6. Le 16 décembre, on mit à la demi-solde les officiers non employés ; cela était en opposition directe avec l'article 69. Cette mesure pouvait être nécessaire, mais il fallait faire une loi, la faire pour un an, la faire en tremblant, la demander à genoux. De ce moment, l'armée fut perdue pour les Bourbons. En France, sur dix hommes que l'on rencontre, huit ont fait la guerre dans un temps ou dans un

1. Hobhouse, I, p. 63.

autre et les deux autres mettent leur vanité à partager les sentiments de l'armée. A cette époque, des anecdotes fâcheuses commencèrent à circuler. Un duc royal demande à un officier quelles campagnes il a faites. — « Toutes. » — « Avec quel grade ? » — « Comme aide de camp de l'empereur. » On lui tourne le dos. A la même question, un autre répond qu'il a servi vingt-cinq ans. — « Vingt-cinq ans de brigandages. » La garde déplaît dans une manœuvre ; on dit à ces vieux soldats, illustrés par tant de victoires, qu'il faut qu'ils aillent en Angleterre apprendre à manœuvrer des gardes du roi d'Angleterre.

Des soldats suisses sont appelés à Paris, tandis qu'on met des soldats français à la demi-solde. Six cents nobles, pour lesquels les Parisiens trouvèrent le nom, devenu si célèbre, de *volligeurs de Louis XIV*, et pareil nombre d'enfants, sortis à peine du collège, sont recouverts d'habits ridicules inventés par le cardinal de Richelieu, et gardent la personne du roi qui semble se défier de sa garde. Dès qu'on a un corps privilégié à Paris, on doit s'attendre à des insolences et il faut savoir les empêcher comme Napoléon. Les scènes du café Montansier irritèrent vivement la vanité nationale.

La vieille garde impériale, ce corps si brave et si facile à gagner, est outrageusement exilée de la capitale. Le maréchal Soult, ministre de la guerre, veut la rappeler ; un contre-ordre, mille fois plus outrageant que la première mesure, l'arrête à moitié chemin. Les Chouans, ces gens liés avec l'étranger, sont dans la plus haute faveur [1].

On supprime l'établissement pour les orphelins de la Légion d'Honneur ; on fait pis : on le rétablit par faiblesse.

On vend publiquement la Légion d'Honneur ; on fait plus : pour l'avilir, on la jette aux gens les plus étrangers à la chose publique, par exemple à des parfumeurs du Palais-Royal. L'armée des Bourbons ne s'élève pas à 84.000 hommes, et on y met pour officiers 5.000 vieux émigrés ou jeunes nobles imberbes.

1 Hobhouse, I, p. 88.

CHAPITRE LXXX

Voici d'autres violations de la charte :

7. Le 30 juillet, on établit une école militaire pour faire jouir les nobles des avantages de l'ordonnance de 1751.

8. Le chancelier, de sa propre autorité, met un impôt sur les *provisions* des juges, sur les lettres de naturalisation et sur les journaux.

9. En opposition à la lettre de la charte, le gouvernement n'ayant pu faire passer une loi pour réorganiser la Cour de cassation, la renouvelle par une ordonnance, et renvoie plusieurs juges fort estimés ; de ce moment les juges furent vendus. Cette Cour maintient en France l'exécution des codes ; c'est un rouage fort important pour l'ordre intérieur, et jusqu'à l'époque dont nous parlons, il a été excellent.

CHAPITRE LXXXI

LA charte, quoique les gens qui l'ont
faite ne s'en soient pas doutés,
est divisée en deux parties. Par
la première, elle est vraiment *constitution*, c'est-à-dire *recette* pour faire des lois,
loi sur la manière de faire des lois ; par
la seconde, elle est *transaction amicale*
entre les partis qui divisent la France.

10. L'article le plus important de cette
seconde partie est le 11e ainsi conçu :
« Toutes recherches des opinions et votes
émis jusqu'à la Restauration sont inter-
dites. » Le même oubli est commandé aux
tribunaux et aux citoyens [1].

Chez un peuple enfant et vaniteux,
cet article était un des moins importants
pour l'autorité royale. Ceux que la faveur
ne soutient pas en France sont toujours
méprisés, et les gens protégés par cet
article auraient été les flatteurs les plus
déhontés. Mais les ministres étaient aussi
enfants que le reste de la nation. Ils tin-

---

1. Voir la loi dite d'*amnistie* qui a exilé les gens qui avaient
voté la mort de Louis XVI.

rent beaucoup à chasser certains membres de la Cour de cassation. Dans les palais des rois, on est toujours en avant de l'opinion que l'on suppose au prince [1].

11. Une niaiserie encore plus incompréhensible, pour qui n'a pas connu les meneurs de cette époque, fut celle de chasser quinze membres de l'Institut. Ce coup d'Etat si ridicule devint important par les conséquences. Il frappa la nation ; ce fut l'avant-dernière goutte du vase qui va déborder ; le lendemain, s'il l'avait pu, le peuple français eût chassé les Bourbons. Or que faisait et aux Bourbons et aux Français, que les noms suivants fussent de l'Institut : Guyton-Morveau, Carnot, Monge, Napoléon Bonaparte, Cambacérès, Merlin, Rœderer, Garat, Sieyès, le cardinal Maury, Lucien Bonaparte, Lakanal, Grégoire, Joseph Bonaparte et David ?

Ce qu'il y eut d'incroyable, c'est qu'on trouva à remplacer les éliminés. Il y eut des gens qui consentirent à entrer *par ordonnance*, dans un corps qui n'est quelque chose que par l'opinion. Du temps des d'Alembert et des Duclos, il n'en eût pas

---

1. On n'aime pas la liberté de la presse, mais on est trop faible pour l'empêcher. L'air de braver le gouvernement donne du piquant au journal *Le Nain Jaune* et ce qui... [*]

[*] La fin de la note a été coupée à la reliure.

été ainsi. Et l'on s'étonne que la classe la
plus avilie de Paris soit celle des gens
de lettres [1] !

1. C'est ce qui fait que les gens qui se respectent n'aiment
pas à devenir auteurs et à mettre leur nom aux titres de leurs
livres.

J'en suis à 11 violations ; l'*Edinburgh* en compte 14 ou
15, je crois.

CHAPITRE LXXXII

On sait assez comment le Corps Législatif était choisi sous Napoléon. Les sénateurs nommaient les protégés de leur cuisinière. Et cependant telle était l'énergie inspirée à la nation par le *culte de la gloire*, tel était son mépris pour les petitesses qu'aucune Chambre, nommée sous l'empire de la Restauration, ne s'est acquis autant d'estime que celle où brillèrent MM. Durbach, Laîné, Bedoch, Raynouard, Suard, Flaugergues. Les discours de ces hommes estimables consolaient la nation. A cette époque, tout ce qui touchait au gouvernement était avili.

Les vrais royalistes, les purs, les émigrés affectaient de sourire avec dédain aux mots de *charte* et d'*idées libérales*. Ils oubliaient que l'homme qui les a mis sur leurs jambes, le magnanime Alexandre, avait recommandé au sénat de donner à la France des *institutions fortes et libérales*. Mille bruits sinistres annonçaient de toutes parts à la nation la résurrection prochaine de l'ancien régime.

Les ministres favoris, MM. D [ambray],

F [errand], M [ontesquiou], B [lacas] ne perdaient aucune occasion de professer la doctrine de la monarchie absolue. Ils regrettaient publiquement cette vieille France où étaient réunis dans tous les cœurs, sans aucune distinction, ces mots sacrés : Dieu et le Roi[1].

Bien entendu qu'on n'oubliait pas les droits aussi sacrés de la *fidèle noblesse*. Tout le monde ne se rappelle peut-être pas que ces droits consistaient en 144 impôts, tous différents[2]. Enfin, le duc de Feltre, ministre de la guerre, qui n'avait pas même l'illustration de la guerre, osa dire à la tribune : « Sy veut le roi, sy veut la loi », et il est devenu maréchal. Enfin, qui le croirait, M. de Chateaubriand ne parut pas assez royaliste ; sa réponse au mémoire du général Carnot fut attaquée dans ce sens[3].

1. Adresse du clergé de Paris au roi le 15 août 1814.
2. Et dont plusieurs joignaient le mépris de la race humaine à...
3. *Journal des Débats*, octobre

CHAPITRE LXXXIII

Les membres de l'ancien parlement s'étaient rassemblés le 4 juin chez M. Lepelletier de Morfontaine[1] et avaient formellement protesté contre la charte. Ils avaient ainsi encouru le traitement dû à toutes les minorités : « Ou soumettez-vous aux lois, ou allez-vous-en[2] ». On n'eut pas l'air de s'apercevoir de cette ridicule protestation, et aussitôt, la noblesse se prépara à en faire une semblable. En France, où chacun aspire à créer un régiment pour se faire colonel, ces sortes de démarches ont de l'importance. Ce sont les conspirations du pays. Un prince politique les eût punies avec sévérité.

A Savenay (Loire-Inférieure), un sermon fut prêché le 5 mars : on disait aux fidèles que ceux qui ne rendraient pas leurs biens aux nobles et aux curés, comme représentants des moines, éprouveraient le sort de Jézabel et seraient dévorés par les chiens.

1. Littéralement traduit de J. Hobhouse, I, p. 96, 2ᵉ édition.
2. Paley.

Parmi les pétitions, dont le Corps Législatif ne voulait pas prendre lecture, il s'en trouvait près de trois cents d'individus se plaignant que leurs curés leur refusaient l'absolution parce qu'ils étaient propriétaires de biens nationaux. Or huit millions de Français sont dans ce cas, et les huit millions qui ont le plus d'énergie. Au mois d'octobre, les journaux dévoués à la cour racontèrent qu'à une fête que le prince de Neuchâtel avait donnée à Grosbois au roi et à la famille royale, le prince avait fait hommage à Sa Majesté d'un rouleau de parchemin contenant les titres de propriété de ce bien national. Le roi les avait gardés une heure et ensuite les avait rendus au maréchal avec ce mot gracieux : « Ces titres ne peuvent pas être en de meilleures mains. » Berthier se plaignit de cette ridicule anecdote au roi lui-même et, ce que je suis bien loin de croire, ne put jamais obtenir la permission de la démentir dans les journaux.

M. Ferrand proposa une loi fort juste : il s'agissait de rendre aux émigrés leurs biens non vendus [1].

Il osa parler à la tribune « des droits

---

1. Il y a plus : il fallait rendre aux émigrés jusqu'au maximum de six mille livres de rente par tête et en *rentes sur 'État*, tout ce qu'on leur avait pris justement lorsqu'ils sortirent de France pour appeler les étrangers dans la patrie.

sacrés et inviolables que ceux qui avaient
suivi la ligne droite ont toujours aux
propriétés dont ils ont été dépouillés par
les tempêtes révolutionnaires » et M. Ferrand eut le cordon bleu.

Ce mot mit le feu à la France. Des
gens qui vivraient tranquilles et soumis
sous l'autorité du dey d'Alger, deviendront furieux au mot le plus indirect qui
menacera leur propriété.

CHAPITRE LXXXIV

IL est temps de revenir à l'île d'Elbe. Napoléon ayant lu dans un journal, en se faisant la barbe, le discours du ministre Ferrand, fit appeler le général Bertrand et lui dit : ...

CHAPITRE LXXXV

LE baron Jermanowski, colonel des lanciers de la garde, fit le récit suivant à son respectable ami, le général Kosciusko [1]. C'était la bravoure parlant en présence de l'héroïsme.

Le colonel commença par dire qu'il commandait à Porto Longone, où il avait, outre ses lanciers, une garnison de trois cents fantassins. Six jours avant le départ, l'empereur le fit demander pour savoir le nombre de bâtiments qui se trouvaient dans son port. Il reçut l'ordre de les noliser, de les approvisionner et d'empêcher la sortie de la moindre barque. Le jour avant l'embarquement, il reçut ordre de payer trois mille francs pour une route que Napoléon faisait ouvrir. Il avait presque oublié l'embargo quand, le 26 février, pendant qu'il travaillait à son petit jardin, un aide de camp de l'empereur lui apporta l'ordre d'embarquer tous ses hommes à six heures du soir et de rejoindre la flottille devant Porto Ferraio, cette même

1. Hobhouse, p. 115. Voir les récits du *Moniteur* qui sont exacts.

nuit, à une heure indiquée. Il était si
tard que le colonel ne put pas finir l'embarquement de ses hommes avant 7 heures
et demie. On partit aussitôt. Il arriva avec
sa petite flotte au brick impérial l'*Inconstant* qui était sous voiles. En montant
sur le pont, il trouva l'empereur qui
l'accueillit par les questions : « Comment
cela va-t-il ? Où est votre monde ? »

Le colonel Jermanowski apprit de ses
camarades que la garnison de Porto
Ferraio n'avait reçu l'ordre de s'embarquer que le même jour à une heure, qu'ils
n'avaient été à bord qu'à quatre heures,
que l'empereur avec les généraux Bertrand,
Drouot et son état-major était arrivé à
huit, qu'alors un seul coup de canon
avait donné le signal et qu'on avait mis à
la voile. La flottille était composée de
l'*Inconstant* de vingt-six canons, de l'*Etoile*
et de la *Caroline*, bombardes, et de quatre
felouques. Il y avait sur l'*Inconstant*
quatre cents hommes de la vieille garde.
Personne ne savait où l'on allait. Les
vieux grenadiers, en quittant le rivage
pour monter à bord, avaient crié : « Paris
ou la mort. »

Le vent qui était au sud et d'abord
assez vif, tomba bientôt au calme plat.
Lorsque le jour parut, on n'avait fait que
six lieues et la flottille se trouvait entre

les îles d'Elbe et de Capraia, en vue des croiseurs anglais et français. La nuit cependant n'avait pas été entièrement perdue, les soldats et l'équipage avaient été employés à changer la couleur extérieure du brick. Il était jaune et gris ; on le peignit en noir et blanc. C'était un faible moyen d'échapper aux gens intéressés à observer l'île d'Elbe.

Il fut question de retourner à Porto Ferraio ; mais Napoléon ordonna de continuer à marcher, se déterminant, en cas de nécessité, à attaquer les croiseurs français. Il y avait dans les eaux de l'île d'Elbe deux frégates et un brick ; à la vérité on les croyait plus disposés à venir se joindre à la flotte impériale qu'à la combattre ; mais un officier royaliste un peu ferme pouvait faire tirer le premier coup de canon, et entraîner son équipage. A midi, le vent fraîchit ; à quatre heures, la flottille se trouvait vis-à-vis de Livourne. On eut la vue de trois vaisseaux de guerre, et l'un d'eux, un brick, faisait voile sur l'*Inconstant*. Les sabords furent fermés. Les soldats de la garde quittèrent leurs bonnets et se couchèrent sur le pont. L'empereur avait le projet de monter à l'abordage du brick, mais c'était une dernière ressource dans le cas seulement où le vaisseau royal ne vou-

drait pas laisser passer l'*Inconstant* sans
le visiter. Le *Zéphir* (ainsi s'appelait le
brick au pavillon blanc), arrivait à pleines
voiles sur l'*Inconstant* ; les deux vaisseaux
passèrent bord à bord. Le capitaine
Andrieux[1] étant hélé par le lieutenant
Taillade, de l'*Inconstant*, qui était de ses
amis, se contenta de demander où allait
l'*Inconstant*. — « A Gênes, » répondit
Taillade, et il ajouta qu'il se chargerait
avec plaisir de ses commissions s'il en
avait. Andrieux répondit que non, et en
partant cria : « Comment se porte l'empereur ? » Napoléon lui-même répondit :
« parfaitement bien », et les bâtiments
se séparèrent.

Le vent augmenta pendant la nuit
du 27, et le 28 février[2], à la pointe du jour,
on aperçut les côtes de Provence. On
avait en vue un vaisseau de 74, faisant
voile apparemment pour la Sardaigne[3].
Le colonel Jermanowski dit que, jusqu'à
ce moment, on croyait généralement sur
la flottille qu'on allait à Naples. Beaucoup
de questions furent faites par les soldats
aux officiers, et même par les officiers
à l'empereur qui ne répondait pas. A la
fin, il dit en souriant : « Eh bien, c'est la

1. Voir la *Biographie*.
2. A vérifier dans *Hobhouse*. Quand, le 28, ou le 1er mars ?
3. Ce tour est-il juste ? ne veut-il pas dire partant ?

France ! » A ce mot tout le monde l'entoura pour savoir ses ordres. La première mesure qu'il prit fut d'ordonner à deux ou trois commissaires de sa petite armée de préparer leurs plumes et leur papier. Ils écrivirent sous sa dictée les proclamations à l'armée et aux Français. Quand elles furent écrites, on les lut tout haut. Napoléon fit plusieurs corrections. Il se les fit relire de nouveau et les corrigea encore ; enfin après dix révisions au moins, il dit : « Cela va bien, faites-en des copies. » A cette parole, tous les soldats et les matelots qui savaient écrire se couchèrent sur le pont. On leur distribua du papier, et ils eurent bientôt fait un nombre de proclamations suffisant pour qu'elles pussent être publiées au moment du débarquement. On s'occupa ensuite de faire des cocardes tricolores. On n'eut qu'à couper le bord extérieur de la cocarde de l'île d'Elbe. D'abord, à l'arrivée dans l'île, la cocarde de l'empereur avait été encore plus semblable à la française. Il la changea dans la suite, pour ne pas éveiller le soupçon. Durant ces divers arrangements, et en général, pendant toute la dernière partie du voyage, les officiers, les soldats et les marins entouraient Napoléon qui dormait peu et se tenait presque toujours sur le pont.

Couchés, assis, debout, ou errant familièrement autour de lui, ils avaient besoin de lui parler. Ils lui faisaient des questions continuelles auxquelles il répondait sans le plus petit signe d'impatience, quoique plusieurs ne fussent pas peu indiscrètes. Ils voulaient savoir son opinion sur plusieurs grands personnages vivants, sur des rois, des maréchaux, des ministres d'autrefois. Ils entreprenaient de discuter avec lui des passages connus[1] de ses propres campagnes, et même de sa politique intérieure. Il savait satisfaire ou élucider leur curiosité et souvent entrait dans de grands détails sur sa propre conduite et sur celle de ses ennemis. Soit qu'il examinât les titres de gloire de ses contemporains, soit qu'il rappelât les faits militaires des temps anciens et modernes, toutes ses réponses étaient d'un ton d'aisance[2], de noble familiarité et de franchise qui ravissait les soldats. « Chaque mot, disait le colonel Jermanowski, nous semblait digne d'être conservé pour la postérité. » L'empereur parlait sans détour de son entreprise actuelle, des difficultés qu'elle présentait et de ses espérances. « Dans les cas comme celui-ci, il faut

---

1. Au lieu de passages, peut-être époques.
2. Est-ce français : *être d'un ton* pour *avoir un ton d'aisance* ? A voir dans J.-J.

penser lentement, mais agir avec célérité. J'ai longtemps pesé cette idée, je l'ai considérée avec toute l'attention dont je suis capable. Je n'ai pas besoin de vous parler de la gloire immortelle et des avantages que nous acquerrons si le succès couronne notre entreprise. Si nous échouons, ce n'est pas à des militaires qui, depuis leur enfance, ont bravé la mort sous tant de formes et dans tant de climats, que je chercherai à déguiser le sort qui nous attend. Nous le connaissons et nous le méprisons. »

Telles sont à peu près les dernières paroles qu'il prononça avant que sa petite flotte jetât l'ancre dans le golfe de Juan. Ces derniers mots eurent l'air un peu plus soignés. Ce fut comme une espèce d'adresse adressée à ses compagnons, auxquels peut-être il n'aurait plus le temps de parler au milieu des hasards qu'on allait rencontrer.

Le 28 février, Antibes fut en vue depuis midi, et le 1er mars, à trois heures, la flottille jeta l'ancre dans la baie. Un capitaine et vingt-cinq hommes furent envoyés pour s'emparer des batteries qui pouvaient dominer le point du débarquement. Cet officier voyant qu'il n'y avait pas de batterie, prit sur lui de marcher sur Antibes. Il y entra et fut fait prisonnier. A cinq heures du soir les troupes prirent terre sur la côte voisine de Cannes. L'empereur fut le dernier à quitter le brick. Il prit quelque repos dans un bivouac qu'on lui prépara au milieu d'une petite prairie environnée d'oliviers, près de la mer. Les paysans montrent aujourd'hui aux étrangers la petite table sur laquelle il prit son repas [1].

L'empereur appela Jermanowski et lui demanda s'il savait combien on avait emmené de chevaux de l'île d'Elbe. Le colonel lui répondit qu'il n'en savait rien ; que pour lui, il n'en avait pas embarqué un seul. « Fort bien, dit Napoléon ; j'ai amené quatre chevaux ; divisons-les. Je crois que j'en dois avoir un. Comme vous commandez ma cavalerie, vous aurez le second. Bertrand, Drouot et Cambronne auront les deux autres. »

Les chevaux avaient été débarqués un peu plus bas, sur le rivage. On quitta le bivouac et Napoléon avec son état-major allèrent à pied au lieu où ils étaient. L'empereur marchait seul, interrogeant quelques paysans qu'il rencontra. Jermanowski et les généraux suivaient, portant leurs selles. Quand on fut arrivé aux chevaux, le grand maréchal Bertrand refusa d'en

1. 27 décembre 1819. Hobhouse, 121.

prendre un ; il dit qu'il marcherait à
pied. Drouot en fit autant[1]. Cambronne
et Molat montèrent à cheval. L'empereur
donna au colonel Jermanowski une poignée de napoléons en lui disant de se procurer quelques chevaux de paysans. Le
colonel donnant aux paysans tout ce
qu'ils demandaient, en acheta quinze.
On les attela à trois pièces de canon ame-
nées de l'île d'Elbe et à un canon que la
princesse Pauline avait donné à son frère.

On vint annoncer le mauvais succès
d'Antibes. « Nous avons mal commencé,
dit l'empereur, nous n'avons maintenant
rien de mieux à faire que de marcher
aussi vite que nous pourrons et de gagner
les passages des montagnes avant que la
nouvelle de notre débarquement y soit arrivée. » La lune se leva et Napoléon avec sa
petite armée se mit en marche à onze
heures du soir. On marcha toute la nuit.
Les paysans des villages à travers lesquels
on passait, ne disaient rien ; ils levaient
les épaules et branlaient la tête quand on
leur disait que l'empereur était de retour.
A Grasse, ville de 6.000 âmes, que l'empereur traversa, on croyait que des pirates
avaient débarqué et tout était en alarmes.
Les boutiques et les fenêtres étaient fer-

1. Hobhouse, 122, 123, 130.

mées et la foule qui s'était rassemblée
dans les rues, nonobstant la cocarde nationale et les cris de *Vive l'empereur* des
soldats, les laissaient passer sans le moindre signe d'approbation ou de désap-
probation. Ils firent halte pour une heure
sur un coteau au delà de la ville. Les soldats commencèrent à se regarder entre
eux avec incertitude et tristesse. Tout
à coup, ils virent une troupe de gens
de la ville qui s'avançaient vers eux avec
des provisions et aux cris de : *Vive l'empereur.*

Depuis ce moment[1] les paysans se
montrèrent satisfaits que Napoléon eût
débarqué et sa marche fut plutôt un
triomphe qu'une invasion. On laissa à
Grasse les canons et la voiture et comme
les routes furent fort mauvaises dans le
cours de cette première marche qui fut
de vingt-cinq lieues, Napoléon marchait
fréquemment à pied au milieu de ses
grenadiers. Lorsqu'ils se plaignaient de
leurs fatigues, il les appelait *ses grondeurs ;*
eux, de leur côté, quand il lui arrivait de
tomber, riaient tout haut de sa maladresse.
Ils arrivèrent dans la soirée du deux au
village de Seranon à vingt lieues de
Grasse. Dans cette marche, le nom de

---

1. Hobhouse, 124.

Napoléon parmi les soldats était : *notre
petit tondu*, et *Jean de l'épée*. Il entendait
fréquemment ces noms répétés à demi-
haut comme il gravissait les montées
au milieu de ses vétérans. Le 3, il coucha
à Barrème, et dîna à Digne le 4 mars.
« Ce fut ou à Digne ou à Castellane, nous
dit le colonel, que Napoléon entreprit de
persuader de crier : *Vive l'empereur* au
maître de l'auberge dans laquelle il s'arrêta. Cet homme refusa positivement
et cria : *Vive le roi*. Au lieu d'être en colère,
Napoléon le loua de sa loyauté et lui
demanda seulement de boire à sa santé,
ce à quoi l'hôte accéda volontiers. »

A Digne, les proclamations [1] à l'armée,
au peuple français furent imprimées et
répandues dans le Dauphiné avec tant
de rapidité que sur sa route, Napoléon
trouva les villes et les villages prêts à
le recevoir. Jusqu'à ce moment cependant,
il n'avait été joint que par un seul soldat.
Ce soldat fut rencontré sur la route par
le colonel Jermanowski qui entreprit
d'en faire un prosélyte. Comme le colonel
lui disait que l'empereur allait arriver, le
soldat se mit à rire de tout son cœur : « Bon,
dit-il, j'aurai quelque chose à dire ce soir
à la maison. » Le colonel eut beaucoup

---

1. Hobhouse, 125.

de peine à lui persuader qu'il ne voulait
pas rire ; alors le soldat lui dit : « Où comp-
tez-vous dormir cette nuit ? » et en apprenant le nom du village : « Hé bien ! dit-il,
ma mère habite à trois lieues d'ici, je
m'en vais lui dire adieu et je serai avec
vous ce soir. » Le soir en effet le grenadier
frappa sur l'épaule du colonel et ne fut
content que quand celui-ci eut promis
qu'il dirait à l'empereur que Melon le
grenadier était venu partager la fortune
de son ancien maître.

Le 5, Napoléon passa la nuit à Gap où
il fut gardé seulement par dix cavaliers
et quarante grenadiers. Le général Cambronne occupa le même jour avec quarante grenadiers le pont et l'ancienne
forteresse de Sisteron [1] ; mais Melon était
toujours la seule recrue qu'on eût faite,
de sorte qu'à Saint-Bonnet et dans d'autres villages, les habitants voulaient sonner
le tocsin et se lever en masse pour accom-
pagner la petite armée. Ils obstruaient
les routes et souvent empêchaient la marche
pour voir et toucher l'empereur qui quelquefois marchait à pied.

Les routes étaient exécrables à cause
de la neige fondante. Le mulet chargé d'or
glisse dans un précipice. L'empereur en

1. Hobhouse, 126.

paraît très fâché. On passe deux heures à essayer de le retirer. À la fin, pour ne pas perdre de temps, l'empereur dut l'abandonner : les paysans en profitèrent au printemps.

Le 6, l'empereur coucha à Gap et le général Cambronne avec son avant-garde de quarante hommes à La Mure. Là, l'avant-garde de la garnison de Grenoble, forte de six cents hommes, refusa les pourparlers avec le général Cambronne. Le colonel Jermanowski, étant à l'extrême avant-garde, trouva un défilé près de Vizille, occupé par une troupe qui avait un drapeau blanc. Il voulut parler, mais un officier s'avançant vers lui, lui cria : « Retirez-vous, je ne puis avoir aucune communication avec vous. Gardez votre distance, ou mes hommes vont faire feu. » Le colonel chercha à le gagner en lui disant qu'il aurait à parler à l'empereur Napoléon et non à lui ; mais l'officier continua à se servir de paroles menaçantes et Jermanowski alla faire part à l'empereur de ce mauvais succès. Napoléon lui dit en souriant : « S'il en est ainsi, il faut que j'essaye ce que je pourrai faire moi-même. » Il mit pied à terre et ordonna à environ cinquante de ses grenadiers de le suivre avec leurs armes renversées ; il marcha tranquillement jusqu'au défilé

où il trouva un bataillon du 5ᵉ de ligne,
une compagnie de sapeurs et une de mi-
neurs, en tout 7 à 800 hommes. L'officier commandant continuait à vociférer,
souvent contre l'empereur lui-même,
disant : « C'est un imposteur, ce n'est
pas lui. » De temps en temps cet officier
réprimandait ses troupes, leur ordonnant
de faire feu. Les soldats étaient silencieux
et immobiles. Il sembla un instant lorsqu'ils
virent approcher la troupe de Napoléon,
qu'ils voulaient coucher en joue leurs
fusils. Napoléon fit arrêter ses grenadiers,
s'avança tranquillement et tout seul jusqu'au bataillon. Quand il fut très près
de la ligne, il s'arrêta court, jeta sur eux
un regard tranquille et, ouvrant sa redingote, s'écria : « C'est moi, reconnaissez-
moi. S'il y a parmi vous un soldat qui
veuille tuer son empereur, qu'il fasse feu,
voilà le moment. »

Ils furent vaincus en un instant et au
milieu des cris redoublés de *Vive l'empereur*, se précipitèrent dans les bras des
soldats de la garde [1].

Un peu avant que les soldats du cinquième s'ébranlassent, Napoléon s'approcha d'un grenadier qui avait l'arme
présentée et, le prenant par une de ses

---

1. Hobhouse, 126-127.

moustaches, lui dit : « Et toi, vieille moustache, n'as-tu pas été avec nous à Marengo ? »

Tel est le récit simple d'une de ces actions qui, dans tous les siècles et dans tous les pays, montrent aux nations les hommes pour lesquels elles doivent marcher et agir.

Les compagnons de Napoléon regardèrent le mouvement de cette troupe de sept cents hommes comme décisif. Ils virent dans cet événement que l'empereur ne s'était pas trompé et que l'armée était toujours à lui [1]. Les nouvelles troupes prirent la cocarde tricolore, se rangèrent autour des aigles de l'armée de l'île d'Elbe et entrèrent avec elles à Vizille, au milieu des cris de joie des habitants. Ce bourg a toujours marqué par son patriotisme. On peut dire que c'est là qu'a commencé la Révolution française et la liberté du monde. C'est au château de Vizille qu'eut lieu la première assemblée des Etats du Dauphiné.

En avançant vers Grenoble, le colonel Jermanowski fut joint par un officier qui arrivait ventre à terre et qui lui dit : « Je vous salue de la part du colonel Charles Labédoyère. »

1. Hobhouse, 128.

Ce jeune colonel parut bientôt à la tête de la plus grande partie de son régiment, le 7e de ligne formé des débris du 112e régiment et de plusieurs autres. A quatre heures après-midi, le colonel s'était échappé de Grenoble ; à une certaine distance il tira une aigle de sa poche, la plaça au bout d'une perche et l'embrassa devant son régiment qui cria aussitôt : *Vive l'empereur !* Il donna alors un coup de couteau dans un tambour qui était plein de cocardes tricolores qu'il distribua à son régiment. Mais le général Marchand qui resta fidèle au roi réussit à faire rentrer dans Grenoble une partie du régiment. La garnison de cette ville avait été augmentée du 11e régiment de ligne et d'une partie du 7e envoyés de Chambéry. Cette garnison était composée en outre de 2.000 hommes du 3e régiment de pionniers, deux bataillons du 5e de ligne et du 4e d'artillerie, précisément le même régiment dans lequel Napoléon avait obtenu une compagnie, vingt-cinq ans auparavant.

Grenoble est une mauvaise place que l'on ne conserve que pour approvisionner d'artillerie la chaîne des Alpes, au milieu desquelles elle se trouve placée. Elle n'a qu'un mur terrassé du côté de la plaine, haut d'une vingtaine de pieds avec un petit ruisseau qui coule au devant. C'est avec cette fortification ridicule que, quelques mois après, les habitants livrés à eux-mêmes ont tué douze cents hommes à l'armée piémontaise toute composée de soldats de Napoléon.

Lorsque ce grand homme s'en approcha le 7 mars, toute la garnison était rangée sur le rempart terrassé au milieu duquel est pratiquée la porte de Rome qui répond au chemin de Vizille[1]. Les canons étaient chargés, les mèches allumées, la garde nationale était rangée derrière la garnison pour lui servir de réserve.

La porte de Bonne fut fermée à huit heures et demie. Comme Napoléon entrait dans le petit faubourg de Saint-Joseph, Jermanowski se présenta à la porte de Bonne à la tête de huit lanciers polonais. Le colonel demanda les clés ; on lui répondit qu'elles étaient chez le général Marchand. Le colonel parla aux soldats qui ne répondaient pas. Napoléon arriva bientôt sur le petit pont qui est devant les portes. Il resta là assis sur un chasse-roue plus de trois quarts d'heure.

Le général Marchand devait se porter sur le rempart voisin à cinquante pieds au plus de la personne de l'empereur et lui tirer dessus lui-même. Il pouvait se

1. Hobhouse, 129.

faire seconder par vingt gentilshommes.
Il n'y avait pas possibilité de manquer
Napoléon. Une fois mort, tout le monde
eût abandonné ce parti. Si les partisans
craignaient mal à propos d'être écharpés
en tirant, ils pouvaient se placer dans la
maison d'un nommé Eymar qui donne sur
le rempart et, de l'autre côté, sur la partie
du rempart qui est renfermée dans la
caserne. Le fait est que dans ce moment
de trouble extrême, tous les desseins
hardis eussent réussi. On pouvait avec la
même facilité placer vingt gentilshommes
dans les maisons du faubourg Saint-
Joseph, devant lesquelles Napoléon passa,
à quinze pieds des maisons.

Après trois quarts d'heure de pourparlers
et d'incertitude, la garnison, au lieu de
faire feu, cria : Vive l'empereur. Comme
les portes ne s'ouvraient pas, les habitants
du faubourg apportèrent des poutres et,
aidés par les habitants de la ville, enfon-
cèrent cette porte qui se trouva très
solide, Grenoble ayant été sur le point
de soutenir un siège un an aupravant.
Comme la porte tombait, les clés arrivèrent. Les huit lanciers trouvèrent en
entrant une foule d'habitants qui se précipitaient avec des torches allumées au devant
de Napoléon qui, un instant après, entra à
pied et seul à vingt pas en avant de ses gens.

Plusieurs officiers, gens de tête, étaient allés de Grenoble au devant de Napoléon. S'il n'avait pas réussi à la porte de Bonne, ils avaient tout préparé pour lui faire passer l'Isère près de la porte Saint-Laurent, qui est au pied de la montagne, et sur la montagne dite de la Bastille, le rempart n'est qu'un simple mur de jardin qui tombe de toutes parts.

Ces officiers donnèrent le conseil à l'empereur d'empêcher que ses soldats ne tirassent un seul coup de fusil, cela pouvant donner l'apparence de *gens vaincus* à ceux qui le joindraient. Peut-être la moitié de l'armée eût tenu ferme par point d'honneur.

La foule se jeta autour de lui. Ils le regardaient, ils saisissaient ses mains et ses genoux, baisaient ses habits, voulaient au moins les toucher ; rien ne pouvait mettre un frein à leurs transports. Napoléon n'était pas le représentant de son propre gouvernement, mais d'un gouvernement contraire à celui des Bourbons. On voulait le loger à l'hôtel de ville, mais il choisit une auberge tenue par un ancien soldat de son armée d'Egypte, nommé M. Labarre. Là son état-major le perdit absolument de vue ; au bout d'une demi-heure Jermanowski et Bertrand réussirent enfin, en employant toutes leurs forces, à pénétrer dans la chambre où ils le trouvèrent

environné de gens qui paraissaient fous,
tant l'enthousiasme et l'amour leur faisaient oublier les plus simples égards
qu'on emploie ordinairement pour ne pas
étouffer les gens. Ses officiers parvinrent
pour un moment à faire évacuer la chambre ; ils plaçaient des tables et des chaises
derrière la porte pour prévenir une seconde invasion, mais ce fut en vain. La
foule parvint à entrer une seconde fois, et
l'empereur resta deux heures, perdu au
milieu d'eux, sans être gardé par le moindre
soldat. Il pouvait mille fois être mis à mort
si, parmi les royalistes ou les prêtres, il y
avait eu un seul homme de courage.
Peu après, une foule de peuple apporta la
porte de Bonne sous les fenêtres de son
auberge. Ils s'écriaient : « Napoléon, nous
n'avons pas pu vous offrir les clés de votre
bonne ville de Grenoble, mais voici les
portes. »

Le lendemain, Napoléon passa la revue
des troupes sur la place d'armes. Là encore il fut entouré par le peuple ; l'enthousiasme était à son comble, mais n'inspira aucun de ces actes serviles avec
lesquels le peuple a coutume d'approcher les
rois ; on cria constamment sous ses fenêtres et autour de lui : « Plus de conscription,
nous n'en voulons plus et il nous faut une
constitution. » Un jeune Grenoblois (M. Jo

seph Rey) recueillit les sentiments du peuple et en fit une adresse à Napoléon.

Un jeune gantier, M. Dumoulin, chez lequel, deux jours auparavant, était venu se cacher un Grenoblois arrivant de l'île d'Elbe et chirurgien de l'empereur, offrit à celui-ci cent mille francs et sa personne. L'empereur lui dit : « Je n'ai pas besoin d'argent dans ce moment ; je vous remercie, j'ai besoin de gens déterminés. » L'empereur transforma le gantier en officier d'ordonnance et lui donna sur-le-champ une mission dont celui-ci s'acquitta fort bien. Ce jeune homme abandonna sur-le-champ un grand établissement.

Napoléon reçut les autorités, il leur parla beaucoup, mais ses raisonnements étaient trop élevés pour être compris par des gens accoutumés quatorze ans de suite à obéir à la baguette et à ne nourrir d'autres sentiments que la crainte de perdre leurs appointements. Ils l'écoutaient d'un air stupide et il n'en put jamais tirer une seule phrase qui partît du cœur. Ses véritables amis furent les paysans et les petits bourgeois. L'héroïsme patriotique respirait dans toutes leurs paroles. Napoléon remercia les Dauphinois par une adresse imprimée à Grenoble. Presque tous les soldats avaient leur cocarde tricolore au fond de leurs shakos. Ils l'arborèrent avec une joie inexprimable. Le général Bertrand qui faisait les fonctions de major général dirigea la garnison de Grenoble sur Lyon.

Dans son voyage de Grenoble à Lyon, Napoléon fit une grande partie du chemin sans avoir un seul soldat à ses côtés ; sa calèche était souvent obligée d'aller au pas ; les paysans encombraient les routes ; tous voulaient lui parler, le toucher, ou, tout au moins, le voir. Ils montaient sur sa voiture, sur les chevaux qui le traînaient, et lui jetaient de tous côtés des bouquets de violettes et de primevères. En un mot, Napoléon fut continuellement perdu dans les bras du peuple.

Le soir, près de Rives, les paysans l'accompagnèrent pendant plus d'une lieue en l'éclairant avec des torches fabriquées à la hâte et chantant une chanson qui courait avec fureur depuis deux mois, et qui était telle que les prêtres avant de donner l'absolution demandaient à leurs pénitents s'ils l'avaient chantée, et en cas d'affirmative, refusaient de les réconcilier avec Dieu [1].

Au village de Rives, on ne le reconnut pas d'abord. Lorsqu'on le reconnut,

1. Mettre ici la chanson en mauvais français qui paraît avoir été faite pour les paysans et qui exprimait surtout la haine et le mépris profond pour les gens qui l'avaient trahi. On nommait Augereau, Marmont, Marchand.

les paysans inondèrent l'auberge, et voyant que son souper était fort mauvais, chacun à l'envi lui apporta un plat.

Le 9 mars l'empereur alla coucher à Bourgoin.

Quelquefois il y avait en avant de sa voiture une demi-douzaine de hussards, ordinairement personne, et il se trouva presque toujours à trois ou quatre lieues des troupes. Les grenadiers de l'île d'Elbe, qui étaient restés à Grenoble, rendus de fatigue, en voulurent bientôt partir, mais les plus diligents n'arrivèrent à Bourgoin qu'une heure après son départ, ce qui leur donna une ample occasion de jurer. Ils contaient aux paysans les moindres traits de sa vie à l'île d'Elbe. Après l'enthousiasme commun, le trait le plus marquant des relations des paysans avec les soldats : comme leurs habits bleus et leurs shakos étaient tout déchirés et grossièrement raccommodés avec du fil blanc, les paysans leur disaient : « L'empereur n'avait donc point d'argent à l'île d'Elbe, puisque vous êtes si mal vêtus ? » — « Ho ! il ne manquait pas d'argent, car il a bâti, fait des routes et changé tout le pays. Quand il nous voyait tristes, il nous disait : « Hé bien, grondeur, tu penses donc toujours à la France ? » — « Sire, c'est que je m'ennuie. » — « Occupe-toi à raccommoder ton habit, nous en avons de tout prêts dans des magasins ; tu ne t'ennuieras pas toujours. » Et lui-même, disaient les grenadiers, prêchait d'exemple ; il avait son chapeau tout raccommodé. Nous voyions bien tous qu'il avait l'idée de nous mener quelque part, mais il ne voulait rien dire de positif. Sans cesse on nous embarquait et l'on nous débarquait pour tromper les gens de l'île. » L'empereur fit raccommoder son chapeau à Grenoble où il pouvait en acheter un autre. L'empereur avait une redingote grise très mauvaise, boutonnée jusqu'au haut. Il était tellement gros et fatigué que souvent, en montant en voiture, on lui portait les jambes ; les Messieurs du village en concluaient qu'il était peut-être plastronné.

Au delà de La Verpillère, la voiture se trouvant arrêtée sur la route sans qu'il y eût ni gardes, ni paysans attroupés, il s'approcha de la voiture d'un négociant qui était aussi arrêtée [1]...

1. Passage projeté à Miribelle. Voitures chargées ; pas d'accident ; accident pour le comte d'Artois.

CHAPITRE LXXXVI

LA démocratie ou le despotisme sont les premiers gouvernements qui se présentent aux hommes au sortir de l'état sauvage ; c'est le premier degré de civilisation. L'aristocratie sous un ou plusieurs chefs — et le royaume de France avant 1789 n'était qu'une aristocratie religieuse et militaire, de robe et d'épée — l'aristocratie, quelque nom qu'on lui donne, a partout remplacé ces gouvernements informes. C'est le second degré de civilisation. Le gouvernement représentatif sous un ou plusieurs chefs est une invention nouvelle et très nouvelle qui forme et constate un troisième degré de civilisation. Cette invention sublime, produit tardif mais produit nécessaire de l'invention de l'imprimerie, est postérieure à Montesquieu.

Napoléon fut ce qu'a jamais produit de mieux le second degré de civilisation. Ainsi c'est bien ridiculement que les rois qui veulent s'arrêter à ce second degré font attaquer ce grand homme par leurs vils écrivains. Il ne comprit jamais le troisième. Où l'aurait-il étudié ? Certainement pas à Brienne ; les livres philosophiques ou traduits de l'anglais ne pénétraient pas dans les collèges royaux et il n'a pas eu le temps de lire depuis le collège ; il n'a plus eu le temps d'étudier que les hommes.

Napoléon est donc un tyran du XIXe siècle. Qui dit tyran, dit esprit supérieur, et il ne se peut pas qu'un génie supérieur ne respire, même sans s'en douter, le bon sens qui est répandu dans l'air.

Il faut lire la vie de Castruccio Castracani, tyran de Lucques au XIVe siècle [1], on saisira bien ce point de vue. La ressemblance entre ces deux hommes est frappante. Il était curieux de suivre dans l'âme de Napoléon les combats du génie de la tyrannie contre la raison profonde qui en avait fait un grand homme. Il fallait voir son inclination naturelle pour les nobles combattue par les bouffées de mépris qui lui montaient aux yeux dès qu'il les voyait de trop près. On sentait bien à tout ce qu'il faisait contre eux que c'était la colère d'un père. Aux bonnes gens qui auraient des doutes, nous leur ferions remarquer sa colère contre ce qui était vraiment libéral. Cette haine serait allée

1. Dans Machiavel et mieux encore dans les auteurs originaux, abrégés par Pignotti.

jusqu'à la rage, s'il n'avait eu la conscience de sa force. Il fallait voir comme les renards de cour avaient bien senti cette nuance de caractère du maître. Les rapports de ses ministres sont curieux sous ce point de vue. En phrases incidentes, ou, pour mieux dire, en adjectifs et en adverbes, il y a tout l'esprit de conduite de la plus minutieuse et de la plus lâche tyrannie. On n'osait pas encore hasarder cela dans le sens direct de la phrase. Une épithète insolente montrait au maître le cœur de son ministre. Encore quelques années et ses chers auditeurs lui donnaient une génération de ministres qui, n'ayant pas pris l'expérience des grandes affaires sous la République, n'auraient plus rougi que de n'être pas assez courtisans. Quand on voit les conséquences de ceci, on en vient presque à se réjouir de la chute de Napoléon.

On voit encore mieux le combat du génie du grand homme contre le cœur du tyran dans son règne des Cent Jours. Il appelle Benjamin Constant et Sismondi ; il les écoute avec plaisir en apparence, mais bientôt il revient avec passion aux lâches conseils de Regnault de Saint-Jean d'Angély et du duc de Bassano. Et de tels hommes montrent combien la tyrannie l'avait déjà corrompu. Du temps de Marengo il les eût repoussés avec mépris.

Ce sont ces deux hommes qui l'ont perdu plus que Waterloo. Qu'on ne dise pas que les conseils lui ont manqué. J'ai vu à Lyon un de ses officiers lui conseiller par écrit d'abolir du même coup la nouvelle noblesse et l'ancienne. C'est Regnault, je crois, qui lui conseilla d'intituler sa nouvelle constitution *Acte additionnel*. En une matinée, il perdit le cœur de dix millions de Français et des seuls dix millions qui se battent et qui pensent. Dès lors ceux qui l'entouraient virent sa perte inévitable. Comment vaincre onze cent mille soldats qui marchaient sur la France ? Il lui fallait un escamotage politique avec la Maison d'Autriche et à mesure qu'il s'éloignait des gens à talents, les alliés les appelaient dans leurs conseils.

Ses justifications qui partent de Sainte-Hélène veulent bien l'excuser sur l'extrême médiocrité des gens de sa famille. Les talents ne manquent jamais et naissent en foule dès qu'ils sont demandés. D'abord il éloigna Lucien ; il ne tira pas un assez grand parti de Soult, de Lezay Marnezia, de Levoyer d'Argenson, de Thibaudeau, du comte de Lapparent, de Jean de Bry et de mille autres qui se seraient présentés. Qui devinait au temps de l'empereur les talents du comte Decazes ? Le malheur de sa famille est donc une pauvre excuse ;

il n'eut pas de gens à talent parce qu'il n'en
voulut pas. La seule présence de Regnault
suffisait pour décourager tout ce qu'il y
avait de bon.

Il est heureux pour tous ces gens-là
d'avoir eu de tels successeurs [1].

1. Raisonnable, mais style froid et dur.

CHAPITRE LXXXVII

Nous avons représenté Napoléon avec les traits qui nous semblent résulter des récits les plus fidèles ; nous-même nous avons habité sa cour plusieurs années.

C'est un homme doué de talents extraordinaires et d'une dangereuse ambition, l'être le plus admirable par ses talents qui ait paru depuis César, sur lequel il nous semble l'emporter. Il est plutôt fait pour supporter l'adversité avec fermeté et majesté que pour soutenir la prospérité sans s'en laisser enivrer. Emporté jusqu'à la fureur quand on contrarie ses passions, mais plus susceptible d'amitié que de haine durable, entaché de quelques-uns des vices indispensables à un conquérant, mais non pas plus prodigue de sang ni plus indifférent envers l'humanité que les César, les Alexandre, les Frédéric, gens auprès desquels on le placera et dont la gloire va tomber tous les jours. Napoléon a été engagé dans plusieurs guerres qui ont fait répandre des flots de sang, mais

dans aucune, si l'on excepte la guerre
d'Espagne, il ne fut l'agresseur. Il a été
sur le point de faire du continent de l'Europe une vaste monarchie. Ce projet, s'il a
existé, est sa seule excuse pour n'avoir
pas révolutionné les Etats qu'il conquit et
n'en avoir pas fait des appuis de la France
en les jetant dans la même route morale.
La postérité dira que ce fut en repoussant
les attaques de ses voisins qu'il étendit
son empire. « Les circonstances, en me
suscitant des guerres, dit-il, m'ont fourni
des moyens d'agrandir mon empire et je
ne les ai pas négligés. » Sa grandeur d'âme
dans l'infortune et sa résignation ont été
égalées par quelques-uns, surpassées par
personne. M. Warden rend souvent té-
moignage à ces vertus, et nous pouvons
ajouter qu'elles sont sans ostentation
aucune. Sa manière d'être à Sainte-Hélène
est pleine de naturel. C'est peut-être la
chose dans les temps modernes qui rappelle
le plus les héros de Plutarque. Un de ceux
qui le visitèrent à l'île d'Elbe, lui montrant
sa surprise du calme admirable avec lequel
il supportait le changement de sa fortune :
« C'est que tout le monde, répliqua-t-il,
en a été, je crois, plus étonné que moi. Je
n'ai pas une trop bonne opinion des hommes et je me suis toujours méfié de la fortune ; d'ailleurs, j'ai peu joui ; mes frères

ont été beaucoup plus rois que moi. Ils ont eu les jouissances de la royauté, je n'en ai presque eu que les fatigues. »

FIN DU PREMIER VOLUME

TABLE

DE LA VIE DE NAPOLÉON

FIN DE LA TABLE DU PREMIER VOLUME